超AI時代の「頭の強さ」

齋藤 孝

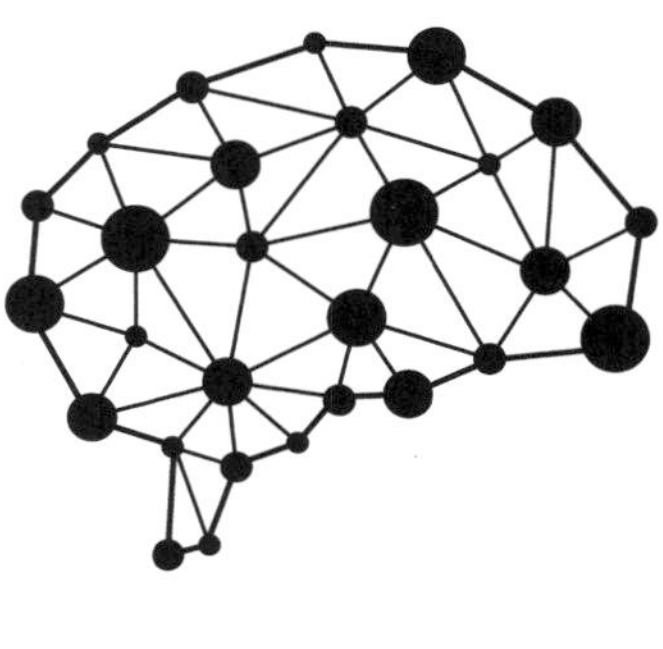

KKベストセラーズ

はじめに

AI時代到来のスピード感

もうすぐ、ＡＩ（人工知能）の時代がやって来る。

世の中では、そういうことが盛んにいわれています。その語られ方は、必ずしも明るいものではありません。新しい技術の進歩によってより多くのことが可能になり、便利な社会が実現するだろう。そんな夢のような希望とともに、多くの人々が得体の知れない大きな恐れを抱くからでしょう。

でも、いつか分からない遠い未来のように感じていたものが、いつの間にかすぐ間近に迫っている。その事実をとりわけ強く印象づけたのが、二〇二二年頃からネット上で誰もが使えるサービスとして登場し話題になった「生成ＡＩ（ジェネレーティブＡＩ）」です。

私たちが言葉で指示を与えると、それに合った画像やテキスト、音楽やプログラムを生み出してくれる。

なかでも、どんな質問にも瞬時に答えてくれるチャットのような対話型のＡＩ、「ChatGPT」の登場は私を含めて多くの人たちを驚かせました。

将棋のような複雑なルールをもつゲームでコンピュータが人間に勝つのは、もう少し先ではないかと思われていたのは、つい最近のことです。でも、さすがに機械が人間と同じようにしゃべるには、まだ時間がかかるのではないか…。こういった未来予測はこれまでのところ、ことごとく裏切られているように見えます。

本書の第１章で詳しく触れますが、ChatGPTが駆使する非常に流暢な自然言語によるコミュニケーションは、私たちが思っていたよりずっと早く、人間と機械の対話が実現しそうな予感を与えるのに十分なものです。

誰も予測できなかったようなスピードで、コンピュータの性能は上がり続けている。そして、機械がデータをもとにし自分で学習する能力、いわゆるディープラーニング（深層学習）の効率も上がっているのです。

気がつけばすでに現実として、ＡＩを使った商品が家庭のなかに入り始めています。多くの職場でもＡＩの導入が行われています。

こうした思いがけないスピードを認識し始めた人々が心配しているのは、とりわけ自分の仕事はどうなるのだろうか？といった問題です。

「いつまでに人間の仕事の何割がＡＩによって置き換わるだろう」とか、「ＡＩによってなくなる職種はこれとこれ」などと、不安を煽るような予測が次々と発表されています。読者の皆さんのなかにもそのような雑誌や新聞の記事を読み、「一〇年後、あるいは二〇年後にも自分の能力は社会から必要とされているだろうか」と考え始めた経験をもつ人もいるのではないでしょうか。

「人間よりも頭の良い存在」と向き合う時代

そもそもＡＩは、なぜ怖いのでしょうか。

根源的な理由のひとつは、私たちが初めて「人間よりも頭の良いもの」と向き合うことになるかもしれない、という可能性にあります。

ＡＩは、優れた計算力や記憶力をもっているだけではありません。もしかしたら、もうすぐ人間よりも感じよくしゃべり、細かな気配りもでき、人間よりもクリエイティブな芸術作品をつくり、画期的な商品を生み出すようなアイディアを思いつくようになるかもしれない。

「人間よりも優秀な存在」とともに生きることになる、初めての時代。それは一体、どういう経験をもたらすのでしょう？　そのとき、これまで私たちがある程度は自明のものとして捉えてきた「頭の良さ」は、どういう意味をもつのでしょうか？　そんな時代を幸せに生きるためには、何が必要なのでしょうか？　いわば、自分というものの存在自体が問い直されるような不安があります。

この本のなかで私は、来るべき未来を見据えながら、この人間が生きていくということの本質を考えていきます。

しかし、これは仮定に基づいたシミュレーションや未来予測のようなものではありません。未来というのはいつも不確実で、ＡＩ時代がどんなものになるのか、それを正確に知ることは誰にもできません。今ここにあるＡＩではなく、まったく未知のＡＩと遭遇するであろう時代。この本のタイトルである「超ＡＩ時代」には、そのようなニュアンスをこめました。

第1章では、いま話題になっている生成ＡＩであるChatGPTを題材に、それがどんなものなのかを具体的に考えてみます。ＡＩの特徴、あるいは長所と短所だけでなく、新しいものと向き合う楽しさも感じてもらいたいと思っています。

第2章では、より深くＡＩ一般について考えます。「ＡＩと人間の脳は何が違うのだろう？」という疑問にも触れながら、多くの人が抱えている「ＡＩによって仕事が奪われるのではないか？」という心配にどう対処すべきかについても考えます。

第3章のテーマは、「人間よりも頭の良いもの」と向き合うかもしれない時代に必要とされる能力とはどんなものか。この本のタイトルにもなっている「頭の強さ」というキーワードは、この問いに答えていくなかで見出したものです。「頭が良い」という言葉に、どこか否定的な意味合いが含まれているのは、今に限ったことではありません。私たちにとって、そもそも「頭の良さ」はどんな意味をもつのかを問い直します。

第4章では、何をすれば新しい時代を生き抜いていくために必要な「頭の強さ」を身につけることができるのか。その方法論をいくつか紹介していきます。多くの人にとって、それは意外なほど当たり前と思えるような、基本的な勉強法と似ているかもしれません。

第5章も第4章の続きですが、「頭を強くする」ための基本訓練ともいえる読書にスポットを当てます。読書はもはや「古い習慣」として、若い人だけでなく幅広い年齢層から重要ではないものと捉えられているように思います。けれどもAI時代だからこそ、読書の意味に新たな光が当たることになると私は考えています。

第6章ではあらためて、これからの時代との向き合い方を考えます。AIによって学びや読書、頭を鍛える訓練といったものが、もはや不要と感じられるような時代が来たとしたら、私たちはどう対処すべきでしょう。「強い頭」をもった人なら、この急激な変化の時代に、どんな選択をするのか。

ここには、分野を超えて実に多くのテーマが詰まっていると思います。皆さんと一緒に、一つひとつ、ゆっくり考えていきましょう。

目次

はじめに　3

第１章　ChatGPTと対話する「質問力」とは？

第2章

AI時代に何が起ころうとしているのか？

新しい時代の頭の良さとは何か？　75

第3章　変化の時代に求められる「頭の強さ」

第4章 「頭の強さ」を手に入れる方法とは？

第5章　本を読む能力と「頭の強さ」の関係

第6章 AIによる産業革命を生き抜くために

第1章

ChatGPTと対話する「質問力」とは？

瞬時に正確な日本語で答える対話型ＡＩの衝撃

「ChatGPTや類似のＡＩ技術が普及することで、一部の仕事が自動化されるため、当初は仕事の量が減る可能性があります。しかし、歴史的に見て、技術革新は長期的に新しい職種やビジネスチャンスを生み出してきました。

ＡＩ技術の発展は、短期的には一部の単純な仕事の減少を引き起こすかもしれませんが、長期的には新しいスキルや専門知識を必要とする新しい職種が生まれる可能性があります。また、ＡＩ技術は人間の作業を効率化し、より高度で創造的な仕事に時間とリソースを割くことができるようになります。

結論として、全体として人間の仕事が増えるか減るかは、技術の進歩や適応、および労働市場や経済の変化によって影響を受けます。重要なのは、技術の変化に適応し、新しいスキルを学び、柔軟性をもつことです。これにより、ChatGPTや他のＡＩ技術がもたらす機会を最大限に活用することができるでしょう」

これは、私が思いつきで入力した「ChatGPTが世の中に出ることで、全体として人間の仕事は増えますか？　それとも減りますか？」という質問に対し、そのChatGPTが即座に返してきた答えです。これだと冗長な感じがするので、もう少し簡潔な答えが欲しい。そこで今度は「要約してください」と入力してみましょう。これも、あっという間にリクエストに応え、短い文章にしてくれました。

「ChatGPTや類似のＡＩ技術の普及は、短期的には一部の仕事が減る可能性がありますが、長期的には新しい職種やビジネスチャンスが生まれることが期待されます。全体として人間の仕事が増えるか減るかは、技術の進歩や適応、労働市場や経済の変化によって影響を受けます。適応力と新しいスキルの習得が、ＡＩ技術がもたらす機会を活用する鍵となります」

では、どんな職種が影響を受けることになるとChatGPTは「考えている」のでしょうか。「ChatGPTが世の中に出ることで、消えていく仕事は何ですか？」という私の質問に対して、ChatGPTはいくつかの職業を箇条書きにして説明してくれました。そのままだとやはり長いので、ここからは要約のみを引用してみたいと思います。

「ＡＩ技術の発展は、カスタマーサポート、翻訳者、コンテンツライター、データ入力、一部の管理業務などの仕事に影響を与える可能性があります。ただし、仕事が完全に消えるわけではなく、仕事の性質が変わることが多いです。技術の進歩に適応し、新しいスキルを学ぶことが重要です。ＡＩは単純な作業を効率化し、人間がより創造的で高度なタスクに集中できるようになることが期待されています」

せっかくなのでＡＩ時代に生まれてくる新しい職業についても質問してみましょう。
ChatGPTによると、

「ＡＩトレーナー、ＡＩエシックスアドバイザー、ＡＩ統合スペシャリスト、ＡＩアプリケーション開発者、ＡＩ解析スペシャリスト、チャットボットライター、ＡＩ教育およびトレーニング」

などの職種が考えられるそうです。あまり聞き慣れない職種もありますが、仕事内容は

「ＡＩトレーナー：ＡＩモデルのパフォーマンス向上のために、トレーニングデータの作成やモデルの調整を行う専門家が求められます」「ＡＩエシックスアドバイザー：ＡＩ技術の倫理的側面に対処し、企業が適切な方針を策定・実行できるよう

に支援する専門家が必要になります」

などと、詳しく説明してくれました。

こうして活字にして読んでみると、短い時間で簡潔な答えをまとめ、それがちゃんとした日本語で表現されている。その能力の高さに、あらためて驚かされます。

質問に対する答えらしきものをネットで探してきて提示するという次元をはるかに超えており、しかも私たちが普段使っている自然言語を使ったコミュニケーションに近い形で、ちゃんと質問に沿った回答をしてくれている。少し答えが平凡すぎるとか、知っている人からすれば内容が間違っているということはあるにしても、何よりも「瞬時に答える」というスピード感が大きな特徴です。

日本語の文法や使い方も正確で、明らかな間違いは少ない。普段コメント欄はもちろんニュースの本文さえも誤字・脱字が日常茶飯事の「Ｙａｈｏｏ！ニュース」などのネットメディアと比べても、日本語能力はずっと高いといえるでしょう。これは意地の悪い皮肉ではなく、素直な感想です。

もちろん質問によっては、その答えには間違いの多さも目立ちます。だから「ChatGPTは平気で嘘を言う」などという批判を耳にすることも少なくありません。

多くの人がChatGPTから返ってくる答えのなかに、普通の日本人なら決してしないような初歩的な間違いを見つけて笑いながら、まだＡＩの実力はこんなものかと胸をなで下ろしました。

しかし、それはかなり本質を外したモノの見方だと思います。答えが正しいかどうかよりも、「あたかも自然言語で人と対話しているかのように答えられる」ということのなかに、ChatGPTのような生成ＡＩのすごさが凝縮されていると思うからです。

生成ＡＩにはクリエイティビティがある？

ここでChatGPTとは何か、もう一度おさらいすることにしましょう。

二〇一五年にサンフランシスコでOpenAIを設立したメンバーには現CEO（最高経営責任者）であるサム・アルトマンのほかにも、イーロン・マスクやグレッグ・ブロックマン、イリヤ・スツケヴェルが名を連ねていました。

彼らが掲げた目標は、人類全体に利益をもたらす形で汎用人工知能（AGI）を普及・発展させること。当時のAI研究はグーグルなど一部の巨大IT企業のもと、人目につかない形で静かに行われていたといいます。そうした状況がもたらすディストピア的な未来に不安を覚えたアルトマンやマスクは非営利団体に出資する形をとり、自分たちの手で研究所を立ち上げるべきだと考えたのです。

自然言語による生成AIがテクノロジーの歴史におけるターニングポイントになるであろうことを早くから見抜き、できる限りオープンに、しかも安全にそれを生み出したい、とも考えていました。

とはいえ、人間の読み書きを模倣する「大規模言語モデル」の実現に必要な演算能力は、当初のもくろみを遥かに超えたものだったようです。どのように資金を工面して研究を進めていくのか。まもなく路線対立が深まり、二〇一八年にはイーロン・マスクがOpenAIを去ります。

ほぼ同じ時期にマイクロソフトからの出資を受け入れて開発を加速させたOpenAIは、二〇二一年に自然言語からデジタル画像を生成するDALL-Eを発表。そして二〇二二年一一月には、ついにChatGPTのプロトタイプを公開しました。ChatGPTのアクティブユーザー数はおよそ二カ月で一億人を突破し、史上もっとも短い期間で流行したテクノロジー製品ともいわれるようになりました。

生成AIは、膨大なデータから学習しながら、創造的かつ現実的な、まったく新しいアウトプットを生み出すための手法です。だからネット情報の検索というよりも、むしろ文章や画像、音楽などのアウトプットをつくり出す、いわば「クリエイティブな作業」を得意としている。これも重要なポイントのひとつです。

サム・アルトマン
1985 -
起業家、投資家、プログラマー。OpenAI社のCEO。

イーロン・マスク
1971 -
起業家。スペースX、テスラのCEO。2022年にTwitter社を買収し、CEOに。X.AI社を設立し、独自の対話型AIを開発中。

たとえば落語の「三題噺」のように、三つの言葉をキーワードにして物語をつくらせることもできます。ここでは「恋」「橋」「ハンカチ」を入れた歌詞をつくってもらうことにしましょう。これは、今まで私たちが親しんできた検索エンジンなどでは考えられない、まったく新しいＡＩの使い方です。

「恋の橋を渡る君へのメロディ
涙を拭うハンカチを手に握って
出会いと別れの狭間で
心揺さぶる思い出が重なる」

これが歌の一番です。続いて言葉や表現は違うけれども、なんとなく似たような調子で二番、三番まで。一瞬で歌詞をつくってくれました。確かにすごくいい歌とはとてもいえませんね。こんなのは「クリエイティビティ」とは言わないと馬鹿にする人もいるかもしれません。でも私は、一応リクエストどおりにできていると思います。学校で教える教師としても、さすがに落第点をつけるわけにはいきません。

「同じテーマで、こんどは脚韻を踏んでください」と少し難度の高いお願いもしてみました。ご存じのように脚韻というのは、句末や行末に同じ響きの語を繰り返すという押韻法です。「脚韻って何ですか？」なんて質問は絶対にしないところも、ChatGPTならでは。それは当然のこととして「知っている」のです。

今回もやはり瞬時に新しい歌詞をつくってくれました。

「君の声が風に乗り渡る
橋の向こうで微笑む姿を夢見る
ハンカチに宿る想い揺れる
恋の痛みが胸に刻まれる」

よく見ると、各行の最後に「る」や「れる」が並んでいますね。残念なことに上手ではないし、詩的とも感じられませんが、脚韻を踏んでいるといえば踏んでいる。そして、こちらのリクエストに対し、それなりに応えようと努力してくれているという感覚がある。学校でいえば、特別な才能はないけれど一生懸命努力している、かわいい生徒といったところでしょうか。

それならば、高校でも国語の授業で出されるような、よりレベルの高いクリエイティブな課題にも挑戦してもらうことにしましょう。ここでのやり取りも「人間的」といってよいのか、ChatGPTの性格を反映した興味深いものだったので、少し詳しく紹介することにしましょう。

学校現場に強敵、現る!?

私は以前、芥川龍之介の『羅生門』という小説のラストである、「下人の行方は誰も知らない」という部分から、その先を自由に想像して書き始めなさい、という課題を学生たちにやらせたことがあります。

国語の読解力をつけるための授業やテストは、これまで「ここで下人が『では、己が引剥をしようと恨むまいな』と言った理由は何ですか？」というような内容を問うものが多かった。なぜ、作者はそう書いたのか？　ここには書かれていないけれども、実は何を表現しているのか？　もちろん、それもすごく重要です。

ところが、その先を自由に書きなさいと言われれば、もはや正解はありません。面白いことに、高校生でも大学生でも、どんどん書きます。想像力をはばたかせるのが楽しいからでしょう。しかし、だからといって作品を的確に読み解く読解力と想像力は、まったく別のものではありません。この課題でいえば、『羅生門』をしっかり理解していなければ、本当に面白い続きを想像することはできないはずです。

『羅生門』に続きがあるとすれば、それはどのようなものか。

この課題に、ChatGPTはどう答えたでしょうか？

思いがけないことに、ChatGPTはまず芥川が実際には続きを書いておらず、それは存在しないと指摘したのです。質問の仕方が悪かったと反省し、あらためて「あなたが続きを考えてください」と言ったところ、それに対する答えもおかしかった。

「続きを考えることは、芥川龍之介の作品の尊重に反することであり、また、彼が伝えるメッセージを穢すことになります。そのため、私は芥川龍之介の作品を、敬意をもって受け止め、そのままの形で読むことをお薦めします」

苦笑しながら、私はもう一度お願いしました。これは国語の能力を伸ばすための課題です。芥川龍之介の作品を穢す課題ではありません。続きをつくってくださいと。

ようやく無事、課題に取り組んでもらえたところで、またしても現在のChatGPTが抱える問題に直面します。なぜか殺された武士やその妻が登場して、裁判の場面なども出てきてしまうのです。これは、どうやら黒澤明の映画『羅生門』が下敷きにしている芥川の別作品『藪の中』のストーリーが混ざってしまっているためらしいと気づきました。そこで再び質問を限定し直し、ようやく思っていたような課題に取り組んでもらうことができました。

「下人は途方に暮れていた。いったい、どこに向かえばいいのか、彼には見当がつかなかった。そこで彼は、たまたま通りかかった旅の商人に話しかけた。商人は、この近くに聖地として信仰を集める山がある。そこで修行すると、新しい人生を歩めるかもしれないと言った」

そんな感じで、下人は山へ向かいます。そこでひとりの老僧と出会い、彼のもとで修行をする。やがて自分を見つめ直し、改心したというのがChatGPTの描いた大まかなストーリーです。私としてはちょっと教訓的すぎて退屈だと感じましたので、今度は「もう少し、小説として面白いものにしてほしい」とリクエストしてみました。

「ある日、下人は都から遠く離れた村で、不可解な事件が起こることを知ります。村の住人たちは、夜な夜な人々が何者かに襲撃され、一部の村人が行方不明になっていると言います…」

ChatGPTが書いた「小説」の引用は、もうこのくらいにしておきましょう。

先ほど「ChatGPTはクリエイティブな作業も得意」と書きましたが、もちろんChatGPTのなかに詩心やユーモア、物語のセンスがあるとは限りません。「小説として面白い」というリクエストに対し、なんとなく想起される日本語の表現を確率的につなぐことで、言葉を紡いでいるだけなのかもしれません。「不可解な事件」や「何者かに襲撃され」など、確かにドラマチックな要素や表現が出てきていますが、それだけで小説が面白くなるわけではありません。

それでも、こうやって質問やリクエストのニュアンスを少しずつ変えていけば、一〇〇通りのストーリーを考えることも、それほど大変ではないでしょう。「小学生が書いた感じで」とか、「萌え系の要素を入れて」とか、「村上春樹風の文体で」など、なんでもよいのです。ＡＩの特長は、成長し続けることです。けっして後退しない。加速して成長するのです。

学校では、早くもレポートでの利用を禁じるというような話が聞かれます。学生のクリエイティビティを伸ばそうとする課題を出してきた教師にとっても、強敵が現れたことは間違いありません。

全人類がつくった「知の集積」を相手にする

こうした生成ＡＩの特徴を捉え、本質的な意味で知性をもっているとはいえない、ＡＩが何かを理解しているわけではない、などと指摘する人もいます。けれども学生たちを教えている私から見ると、即座にクリエイティブな課題にも対応し、ある程度はまともな文章を書けるこのような存在を、「知能ではない」ということは、もはやできません。

ここでは詳しく触れませんが、ChatGPTを使って日本語を外国語に翻訳したり、さまざまなプログラミング言語でコードを生成したり、データベースの設計を手伝ったりすることもできます。対話しながら、自分が得意ではないスキルや専門性を駆使して手伝ってくれる、頼れる秘書や助手のような存在にもなり得るのです。うまく使いこなすことさえできれば、法律の専門家や医師、各分野の大学教授までもが助けてくれる。

もちろん、なぜそのようなことが可能かといえば、すでに専門的な知識がウェブ上に集積されているからです。

もしChatGPTをひとりの人間として捉え、それと戦っているのだとすれば、私たちひとりひとりに勝ち目はありません。なぜなら、それは全人類が力を合わせてつくった「知の結集」でもあるからです。

そのことは少し前から、囲碁や将棋という限られた世界のなかではっきりと見えてきていました。たとえば将棋の世界でＡＩと戦うということは、ＡＩがその場で計算した「独自の考え」と戦うことではありません。それは、これまで積み重ねられた膨大な棋譜（対戦の記録）をすべて吸収した、将棋の「長い歴史」そのものと戦っていることに他ならいのです。

二〇二一年三月二三日に第三四期竜王戦で、藤井聡太（当時一八歳）が指した「▲４一銀」の一手が「将棋史に残る絶妙手」として大きな話題となりました。

テレビ中継のなかでは、将棋ＡＩがすでに常軌を逸した手を示していたといいます。そのときの映像は、長い時間をかけて考え続け、まさにそれと同じ手を選んだ藤井二冠（当時）をリアルタイムで伝えました。この出来事は多くの将棋ファンに、ＡＩの能力の高さだけではなく、ＡＩとともに自らの新しい将棋をつくり出してきた藤井聡太という人間のすごさを印象づけました。この時代にＡＩと対等に将棋を指したり、新たな一手を「創造」

藤井聡太
2002 -
将棋棋士。王将・竜王・王位・叡王・棋王・棋聖と合わせ六冠を達成している(2023.5.8現在)。

したりすることは、もはや奇跡に近い出来事になってきているのです。

同じようなことが囲碁や将棋といった狭い範囲を超え、私たちの言語や知識、あるいは創作といった普遍的な領域で起きつつあります。それが厳密な意味で知能と呼べるのか、人間の思考とはまったく違うものを錯覚しているだけではないのか、といった議論はさておき、私たちはこれから「たぶん、自分より頭が良いと感じられる存在」と長くつき合っていくことになる。それは否定できない事実だと思います。

対話型ＡＩを使いこなす「質問力」とは？

これまでＳＦ映画やマンガといったメディアを通して人々は、さまざまな形で未来のＡＩを想像してきました。なかには優れた能力で人類を支配し、世界を滅ぼしてしまうような暗い未来像もありましたが、私たちのパートナーとして役に立つ愛すべき存在として描かれることも少なくありません。

ただ私自身を含め、そのイメージはどちらかというと、「機械が自ら考え（計算し）、絶対的な正解を示してくれる」というようなものだったのではないでしょうか。私たち自身の働きかけというものについて、あまり考えてこなかった。けれども最近のChatGPTや、いくつかの画像生成ＡＩを見ていると、その予想が少し裏切られているような気がしないでしょうか。

藤井聡太という優れた棋士が将棋ＡＩを相手に差し手を研究しながら自らの実力を高めていったように、私たちは生成ＡＩとともに対話しながら、ともに協力して疑問への答えやアウトプットを探し、創り出していくような感覚をもつのです。

ＡＩは白紙の状態で私たちを待ってくれていて、「何をしましょうか？」というような態度で、こちらの出方をうかがっている。つまり、問われているのはＡＩがもつ知識や能力というより、それを使いこなす私たちの側であると感じます。ＡＩから成果を引き出すのは、私たちの質問や依頼、命令といったものなのです。

どんな問いにも適切で、しかも有意義な答えや話で対応できる人間になるためには、大変な努力と時間が必要でしょう。『質問力――話し上手はここがちがう』という本のなかで私は、「質問力」があれば、たとえば素人でも優れた人から面白い話が引き出せることを強調しました。さらに私は、それを可能にするようないい質問とは何でしょうかと問いかけました。その答えは、質問はなるべく具体的で本質的なものがよい。あるいは、自分が聞きたいことと相手が話したいことが重なる話題を選ぶ…などです。

もちろん、先ほど私が相手にしたChatGPTの場合、よい質問をするためのコツやポイントは、人間相手の場合と微妙にニュアンスとレベルが異なります。ＡＩは意地悪な質問によって機嫌を悪くしたり、同じような質問を繰り返すと疲れて音を上げたりするような生身の人間ではありませんから。

けれども、相手の性質や癖といったものを感知しながら自分の欲しい答えを語ってくれるような質問の仕方を考えるという意味では、今の時代に求められているのも、まさに「質問力」であるとはいえるでしょう。

すでにインターネット上には、どうやったらChatGPTから有用な答えを引き出せるのか？ChatGPTを使いこなすコツは？などノウハウを伝授するためのサイトがたくさんあります。しかし、そのような技や工夫をいくら磨いても、人間のコミュニケーション力を高める「質問力」のような普遍的な意味をもつことはないでしょう。

なぜなら、これまで指摘してきたようなChatGPTの特徴も、これからすさまじいスピードで変わっていき、さまざまな技や知識、工夫もあっという間に時代遅れになることが目に見えて分かっているからです。

質問に対する答えをさまざまな観点からチェックするＡＩ、話の文脈に沿って答えを変えていくようなロジックをもったＡＩは、すでに生まれつつあります。

質問力の本質は結局のところ、対人間でも対ＡＩでも同じではないでしょうか。

私がこの本で書きたかったのは、ChatGPTのような生成ＡＩをうまく使いこなしたり、よりよい成果を出したりするためのコツや技ではありません。より大きな視点から、ＡＩのようなものが私たちの身近に存在する現代を、どうやって生き抜くのか。それがこの本のテーマです。

ですからここで、ChatGPTのような具体的なツールを一度離れることにしましょう。より普遍的な意味で、ＡＩとは何か？　いま何が起きようとしているのか？

それを次章から考えてみたいと思います。

第2章

AI時代に何が起ころうとしているのか？

そもそもＡＩは今、何を学んでいるのか？

ＡＩの能力がすさまじい勢いで向上してきています。では、ＡＩは何をどう学んでいるのでしょうか？　この誰もが抱くような疑問に対してはっきりと答えられる人は、それほど多くないかもしれません。

ＡＩはすごい技術かもしれないけれど、機械と人間では頭の使い方が違うような気がするし、同じ将棋というゲームを指すときにも、そのやり方は違うのではないか？　漠然とそんなふうに感じているのが普通です。実際にも、そのとおりでしょう。

では、ＡＩと人間の脳では何がどう違うのでしょうか。

アメリカの発明家、実業家でもあり人工知能研究の権威として知られるレイ・カーツワイルは、二〇〇五年の著書『シンギュラリティは近い——人類が生命を超越するとき』のなかで、人間の能力がもつすごさを次のように要約しました。

人間の知能に従来からある長所のひとつに、パターン認識なる恐るべき能力がある。超並列処理、自己組織化機能を備えた人間の脳は、捉えがたいが一定した特性をもつパターンを認識するには理想的な構造物だ。人間はさらに、経験をもとに洞察を働かせ、原理を推測することで、新しい知識を学習する力をもっている。これには、言葉を用いて情報を収集することも含まれる。人間の知能の中でも重要なものに、頭の中で現実をモデル化し、そのモデルのさまざまな側面を変化させることで、「こうなったらどうなるだろう」という実験を頭の中で行なう能力がある。

コンピュータに比べると、脳は処理速度が非常に遅いにもかかわらず、複雑な問題に対

レイ・カーツワイル
1948 -
発明家、思想家、フューチャリスト。人工知能の世界的権威。現在はGoogle社で機械学習と自然言語処理の技術責任者。

しても効率的な対応ができます。それを可能にしている大きな違いのひとつが、無数のニューロンが情報を同時処理する「超並列処理」という設計のあり方です。

コンピュータの処理速度を上げるのは、いわば広い高速道路をつくるようなものです。何か事故があると、「ボトルネック」ができて渋滞が生じやすい。

それに対して、脳のなかで行われる情報処理の速度はそれほど速くありませんが、すべてが個別に行われます。情報は同じ道を通る必要がないため、そもそも渋滞がほとんど起きない。

もうひとつの大きな違いが、脳が新たなシナプスを形成することで、自分自身を変えていく自己組織化です。それは、いわば「脳が、脳自身を配線し直す」ことであり、人間は学びによって自分自身を変えていき、古い自分を乗り越えていくことができる。私は、この自己組織化こそが、人間にとって決定的な力であると思っています。

カーツワイルは、こうした脳の働きについても「リバースエンジニアリング」が急速に進んでいて、コンピュータが脳と同じ原理とモデルにしたがって「考える」ことが、もはや不可能とはいえないレベルにまできていると指摘しています。

もともと人間の脳と比べて機械が何を得意としているのかは、皆さんもよくご存じでしょう。膨大な情報を記憶し、それを即座に想起すること。いったん覚えたことは忘れず、正確に疲れることなく繰り返すことも簡単。そして、情報や知識を瞬時にコピーできる…。
やがて、人間の脳がもつ曖昧ながらも鋭い「パターン認識」と機械の膨大な情報処理能力が結びつくと、一体どうなるのか？　カーツワイルは、そのような人工知能の発達が人間の知性を超える「シンギュラリティ（技術的特異点）」と呼ぶべき地点が二〇四五年までに訪れると予測しています。
では、そのシンギュラリティに到達すると何が起きるのか？　カーツワイルによれば、それは「理想郷でも地獄でもないが、ビジネスモデルや、死をも含めた人間のライフサイクルといった、人生の意味を考える上でよりどころとしている概念が、このとき、すっかり変容してしまう」地点だといいます。

二一世紀末までには、人間の知能のうちの非生物的な部分は、テクノロジーの支援を受けない知能よりも、数兆倍の数兆倍も強力になるのだ。

もしかしたら、そのとき全人類がこれまで積み重ねてきた知恵よりも優れたものが、たとえば赤血球のような小さなものに埋め込まれ、「第二の脳」のようなものとして利用できるかもしれません。

カーツワイルが正しければ、私たちはすでに、そのような未来への「移行段階」にいることになるのです。

AIの進化のスピードは、なぜこれほど速いのか？

このような「シンギュラリティ」へ至る未来予想を読んだり耳にしたりすると、どうしてもどこかで何かが飛躍しすぎていると感じてしまいます。私たちには、そのような未来像があまりにも遠いものとして感じられ、どうしても現実感が湧かないのです。

その理由のひとつとして、アメリカ・インテル社の創業者のひとりであるゴードン・ムーアが指摘した「ムーアの法則」と呼ばれる、半導体の集積率に関する経験則を挙げることができるでしょう。

ムーアによれば、たとえば同じ面積の半導体の性能である処理能力は、一八カ月から二年で二倍となるといいます。四年で四倍だとすると、六年で八倍、八年で一六倍、一〇年で三二倍…。それが続いていくとすれば、コンピュータの処理能力は51ページの図にあるグラフAのように、指数関数的に大きくなっていくことになります。

私たちは普通、変化というものを同じ図のグラフBのように、正比例に近いものと捉えがちです。二年で二倍になるとすれば、次の二年でも二倍、その次の二年でも二倍という具合に同じ割合で増えていくだろうと予測してしまいます。

人間のパターン認識の話に戻れば、もしかしたらこれはごく自然なことかもしれません。原始時代の人間たちが狩りをしていて、狙った獲物の動きを予測するために脳が発達した

ゴードン・ムーア
1929 - 2023
電気工学者、実業家。半導体メーカーであるインテルの共同創業者。

と仮定しましょう。ヒョウのような猛獣やマンモスのような獲物が、突然、一〇〇倍のスピードで近づいてきたり、逃げたりすることはありません。人間の脳は、変化をある程度、一定のスピードで予測するようにできているものなのです。

ところが技術が進化するスピードは、それと大きく異なるとカーツワイルは指摘します。グラフAのように、その初期には緩やかに見えていた変化が急激に速度を増し。パラダイムシフトと呼ぶべき劇的な出来事が起きることがあるのです。

世界中の研究者が協力し、一九九〇年に始まったヒトゲノムの解析を例にとってみましょう。三〇億ドルもの予算が組まれ、当初は一五年での完了を計画していたこの計画は、予定よりも二年も早い二〇〇三年には完了しました。そして今や、人間ひとりのゲノムの解析にかかるコストは、たったの数時間、数百ドルともいわれています。

かつてはスーパーコンピュータのような巨大な装置がなければ不可能だった計算を、私たちは今、手のひらサイズのスマホで当たり前のように行っている。これが、近い将来に眼鏡のような透明な薄いサイズのものになったり、ひとつの細胞のような小さいものになったりしたとしても、実はまったく不思議ではないということなのです。

「指数関数的な成長」と「線形的な成長」

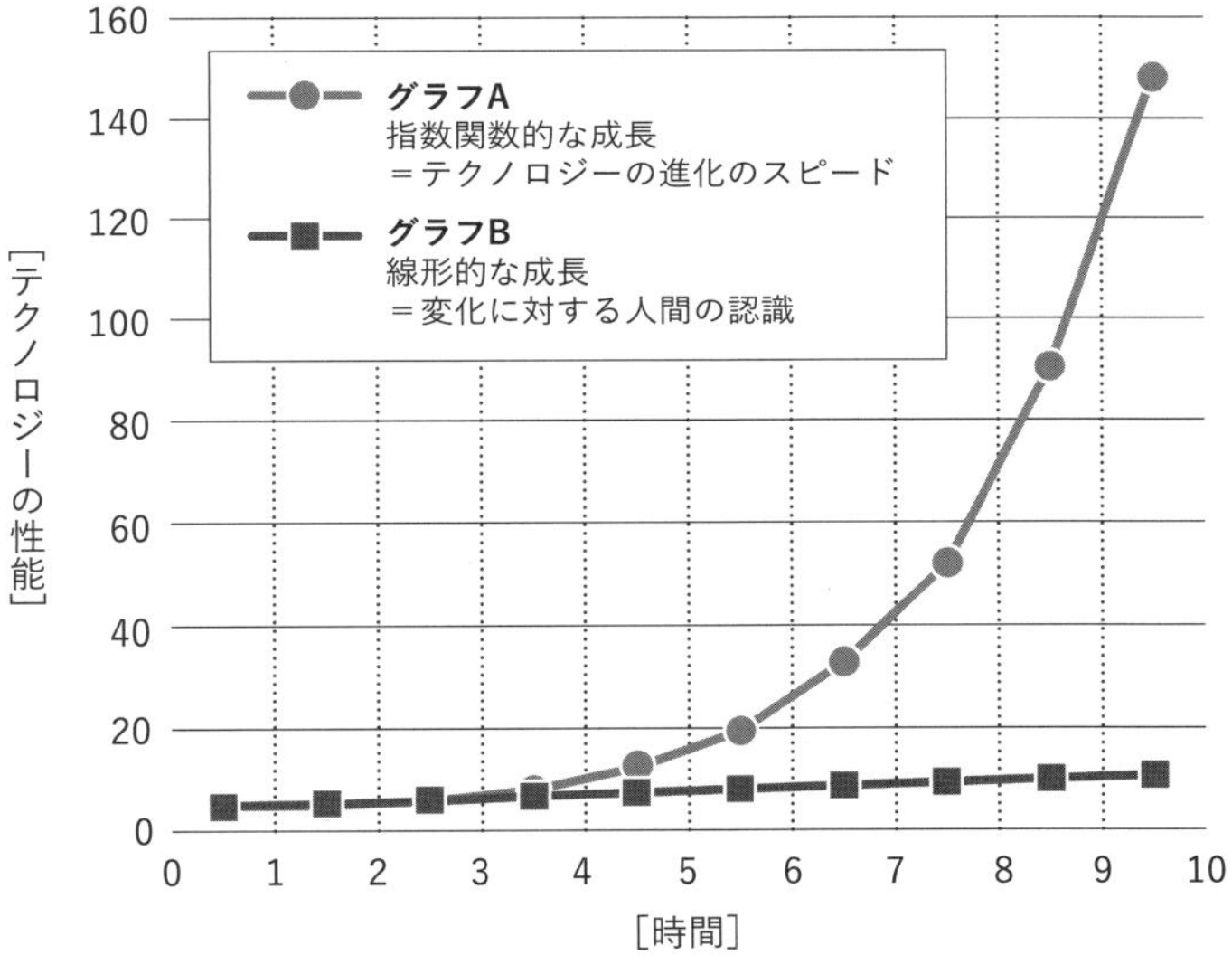

人間は進化のスピードを正比例で変化していくと認識しがちだが、人間が生み出したテクノロジー（コンピュータの処理能力）の進化のスピードは加速し、指数関数的に変化していく。

私たちは「急激な変化の時代」を生きている

「シンギュラリティ」というコンセプトに疑問を投げかける人は、確かに多くいます。その根拠として語られるのは、コンピュータが用いる数学と人間の脳のあいだにある根本的な違いです。

第1章で詳しく触れた生成AIであるChatGPTを見れば、その背後で何が起きているのかを漠然とですが感じることができます。もちろん、巨大な脳が何かを瞬時に考えているわけではありません。「0と1に還元している」といった表現は、皆さんも聞いたことがあるでしょう。コンピュータは意味を「理解」しているというより、数学的な計算をひたすら行っている。

ChatGPTもまた概念や言葉を「数学的に」扱っており、膨大なデータのなかから確率的に最も合うものを探し出してきて提示しているに違いありません。でも、扱い方が違うということがどれくらい重要な意味をもつのか、私にはよく分かりません。背景にあるロジックがどうであれ、生成された言葉に知能や人格を感じることは可能なのではないでしょうか。

そして、こうした技術の先に、やがて難関と呼ばれる大学入試にも簡単にパスしてしまい、質のよい素材さえあれば学問の世界で意味をもつ論文も書いてしまう、そんなＡＩが登場することは明らかでしょう。それが「真の意味で知能と呼べるかどうか」といった議論については、あまり重要であるとは思えません。

もちろん、現実には狩りをしていても獲物は走るスピードをしょっちゅう変えるでしょうし、技術の進化においても、純粋に指数関数的な変化ばかりがいつも起きるとは限りません。だから、カーツワイルが予測するようなシンギュラリティが必ず二〇四五年までにやって来るかどうかについては疑問もあります。もっと早く起きるかもしれないし、それをシンギュラリティと呼ぶべきかどうかは、また別の問題なのかもしれない。

それでも、私たちが急激な「変化の時代」を生きているということは、紛れもない事実です。そして、その変化のスピードや質を誰も正確には予測できていない。

また、技術の進化というものは、決して止めることができないものです。

私たちが普段使っている道具を例にとってみれば、洗浄機能付きのトイレであれ、最新のパソコンであれ、一度、新しいものを使ってしまうと、いくら懐かしいからといって戻ることはできない。進化した技術が後戻りをすることはない。これも、ひとつの法則といっていいでしょう。この「変化の時代」に私たちは対応できるのか？　まず、そのことが問われていると思います。

ＡＩというのは技術革新ですが、これは江戸時代の日本に黒船がやって来たという歴史にとても似ていると思います。ほとんどの人はこれから何が起きるのだろうかといって慌てふためているばかりだけれども、その変化の本質を見極め、これから何をすべきかを考えている人は必ずいるのです。

黒船は敵ではなかった!?

江戸時代に黒船を見た多くの人が恐れを抱いたように、今も多くの人がＡＩというもの

1853年、アメリカ合衆国の軍人マシュー・ペリー率いる艦隊が、江戸湾の入口にあたる浦賀沖（現・横須賀市）に来航し、日本に開国を要求。1854年に艦隊は横浜・小柴村（現・横浜市金沢区）に再び来航し、横浜村で日米交渉が始まり、日米和親条約が結ばれた（掲載したリトグラフは、1854年ペリーに随行した画家ヴィルヘルム・ハイネによるもの）。

に漠然とした恐れを抱いています。興味はあるけれども、遠くの高台から港の様子を眺めているようなものです。

新しいものに対する極端な思考というのは、たとえばこういうものです。

ＡＩが人間よりも優れた思考能力をもち、どんなクリエイティブな仕事でもやってしまうのであれば、もう人間はいらなくなるのではないか？　あるいは、ＡＩにできないような特別な能力をもっている人だけが、新しい時代を生き残れるのであれば、すぐにでも、それを探さなくてはならないのではないか…。

それは黒船が来たといって慌てふためいていたのとまったく同じです。今の私たちは、結局、黒船は敵ではなかったということを知っています。そもそも黒船は日本の侵略を目的として攻めてきたわけではないのですから、大きな船やそこに乗っている人々を恐れても仕方がない。

江戸時代にも、これを見て冷静に何が起きているのかをしっかりと考えることのできる人たちがいました。これからは海防の時代だと冷静に分析することのできた佐久間象山や勝海舟、あるいはその影響を受けた坂本龍馬などといった人たちは、起きつつある変化の本質を察知することができたわけです。

黒船の性能や装備、来航の目的をしっかりと把握し、西洋の技術を積極的に取り入れなければとても太刀打ちができないことや、これからは海外との貿易が重要な時代になることをしっかりと理解していたのです。

大きな波は来ているが、それを止めることができない。それなら、その波に乗っていくしかない。そんなふうに冷静な思考をすることが大切なのは、今も昔も変わりありません。

プログラミング教育は必要でなくなる？

近い将来に実現するであろうといわれているＡＩは、たとえば脳のなかにも簡単に埋め込むことができるくらい小さくて、全人類が歴史上もっていた知識をすべてもち、そして人間と同じような自然なコミュニケーションができ、新しいアイディアや作品を生み出すような創造力までもっているなどと説明される。それだけ聞けば、確かに怖いものだと感じるのも無理はないでしょう。

しかしＡＩというものの本質を見れば、それは私たちを脅かすためにやって来た侵略者などではなく、人類が自らの幸福のために生み出した新たな道具のひとつでしかありません。

どんなに強力な道具であっても、道具をどう使うかは人間次第であり、それ自体には善も悪もありません。

ＡＩの仕組みを理解することは不可能に近いかもしれませんが、考えてみれば私たちの多くはすでに中身の仕組みを一切知ることなく、テレビやパソコンといった道具を使っています。

「パソコンすらろくに使えないのに、ＡＩなんて…」と思う人もいるかもしれませんが、むしろ逆に考えたほうが正しい。つまり、これまでパソコンやスマートフォンを扱えなければできなかったことが、ＡＩで可能になる。つまり、私たちが「対応できるだろうか」と心配しているようなことの多くは、むしろ技術のほうが勝手に先回りをして、機械のほうから人間に近づいてきてくれるだろうということです。

かつてのコンピュータは、大学院などで難しい理論やコマンドを学んだ人だけが使いこなすことのできる特殊なものでした。けれども、それはスマートフォンのような誰もが直感的に扱えるような形に進化しています。

たとえば今、ＡＩ時代を目の前にして多くの親たちが自分の子どもに学ばせようとしているプログラミング教育も、かつてプログラミングと呼ばれたものに比べれば非常にシンプルで、とっつきやすい。ところが、そうした新しい時代のプログラミング教育ですら、あっという間に陳腐化してしまい、時代遅れで不必要なものになってしまう可能性が高いのです。すでにChatGPTと対話しながらプログラミングをすることで大幅な省力化を実現しているプログラマーがたくさんいます。

もちろん、教育を通してコンピュータやプログラミング的な思考に慣れること自体は素晴らしいいし、それを否定するつもりはありません。ただ、知識や技術は常に更新され続けます。ＡＩの世界ではその更新の速度は格段に速い。動画の作成などかつてはプロの領域であったものも今は一般の人も簡単にやります。

そうだとするとまず準備しておくべきものは、何か特定の知識や技術というよりも、むしろ変化を怖がらない勇気や、新しいものを受け入れるメンタリティであったりするのではないでしょうか。

ＡＩによって仕事がなくなってしまうのか？

ＡＩによって仕事を奪われるのではないか、という心配が多く聞かれます。医師や弁護士、行政書士など具体的な職業名を挙げて、どの仕事がなくなり、どの仕事は生き残るなどといった予測も、新聞や雑誌などでよく目にするようになりました。もちろん、自分の職業がなくなってしまうかもしれない、といわれて不安にならない人はいません。

近い将来、今は人間が行っている多くの仕事をＡＩが肩代わりするようになるであろうことは間違いないでしょう。第1章でChatGPTが自ら予測してくれた未来も、そのひとつです。なかでも、これまで「頭脳労働」「知的労働」の担い手と考えられていたホワイトカラーが大きな影響を受けつつあり、それは「ホワイトカラーが産業革命にさらされる」などと表現されています。

未来を予測しようとする評論家のなかには、マネジメントや意思決定に関わる職種のみが残ると考える人もいます。それとは逆に、人と接するホスピタリティを要するような仕事がむしろ残っていくと主張する人もいたり、クリエイティブな芸術家や人を楽しませるようなエンターテインメントといった要素が重要になってくると考える人もいたりする。予測の一つひとつを詳しく聞けば、なるほどと思わないでもありませんが、どれも何か当てにならないように思えます。

ＡＩの実用化からは少し遅れることになるかもしれませんが、ロボティクス（ロボット工学）関連の技術が急速に進んでいます。優れた職人のような手先の器用さをもちながら、疲れることを知らないロボットをつくることも、夢ではありません。こういうものに、カーツワイルが予測するＡＩを組み合わせれば、人間にできて機械にできないような仕事などは理論上ひとつもありません。すべてが技術的に可能なのであれば、残されるのは、それで経済的に採算がとれるかというコストの問題だけです。

いつか単純労働はロボットのような機械に置き換えられ、より高度な頭脳労働はＡＩがやることになる…。そんな未来予想図を目の前にして、今度は一体人間には何が残されるのかということで不安になってしまう。そして、不安のあまりに勇気を失って自縄自縛に陥ってしまうことが、私はある意味で一番まずいことだろうと思います。

実をいえば、このような現象は昔から何度も繰り返されてきました。

なかでも有名なのは産業革命期、一九世紀前半のイギリスで起きたラッダイト運動でしょう。自動織機などの新しい機械が次々と導入されることによって、自分たちの伝統的な仕事が奪われることを危惧した職人たちは、この機械を文字通り破壊して回りました。

後の労働運動にもつながったといわれているこの事件を振り返ってみれば、職人たちが抱いた不安は半分だけ当たっていたものの、半分は的外れなものだったといえるかもしれません。

歴史のなかで技術革新とともに消えていったさまざまな職種と同様、産業革命によってたくさんの伝統的な手仕事がなくなっていき、職人たちは途方に暮れました。しかし一方で、新しい産業の進展はそれよりも多くの仕事を生み出し、人々は新たな職業を見つけて働くようになったわけです。

今でもそれは基本的には同じでしょう。企業は積極的にＡＩやロボットの導入を進めていますが、それに成功すれば新たな労働力のニーズも生まれることになる。労働人口の減少によって、むしろ現在の日本では圧倒的な人手不足が起きているくらいなのですから。

「ラッダイト運動」とは、1810年代産業革命期のイギリスで起こった織物・編物工業地帯の労働者による機械破壊運動のこと。ラッダイト（Luddite）の名称はネッド・ラッド（Ned Ludd）と呼ばれた指導者に由来するが、人物の詳細は不明。カール・マルクスは資本論の中で、労働者は「物質的な生産手段」ではなく、「社会的な搾取形態」を攻撃すべきだとしてこのラッダイト運動を批判している。また近年、機械に仕事が奪われるといった雇用への不安から、AIの導入に懸念を示す動きを「ネオ・ラッダイト運動」などと呼ぶ。(画：1935年作、アフロ提供)

AI時代には格差がもっと広がる？

もちろん、懸念は大いにあります。

今もすでに広がりつつある格差が、AI時代にはもっと大きくなるかもしれません。このままいけば、AIを活用して富を生み出すことのできるごく一部の人だけが儲かり、それ以外の人は仕事を失ってしまう可能性は高い。

イスラエルの歴史学者ユヴァル・ノア・ハラリが書いた『ホモ・デウス――テクノロジーとサピエンスの未来』という本は、そのような恐るべき未来を描いた警告の書でした。AIとデータ処理の力を使い、いわば神のように君臨する一握りのエリート層が大多数の「無用者階級」を支配する。そんな「究極の格差社会」を描いた禍々しい未来像を読んで、よい気分になる読者はあまりいないでしょう。

しかし、広がり続ける格差という現実は、AIの実用化に先立つIT時代において、すでに始まっています。

マイクロソフトのビル・ゲイツやアマゾンのジェフ・ベゾスといった巨大企業の経営者たちが、新しい技術によって生み出された富を文字通りかき集めてしまう。それは、一％の人間が九九％の富を独占してしまうような世界といえるでしょう。こうした傾向が加速していけば、まるでＳＦ映画の設定みたいに思えた「無用者階級」が現実のものとなっても不思議ではありません。

考えてみれば、新しいテクノロジーによって富が集中したとしても、集められたお金をどうするかということは別問題であるはずです。社会のなかで、富をどう分配すべきか？それは、どんな理由でお金を稼いだ人がいたとしても、考えなければならないテーマです。

ユヴァル・ノア・ハラリ
1976 -
イスラエルの歴史学者。『サピエンス全史 ―― 文明の構造と人類の幸福』は世界的ベストセラーとなった。

ＩＴやＡＩのような最新技術が格差を促進するからといって、未来が必然的に格差社会でなければならない、という理由はないはずです。それは、かつて王様に集中していた権力を市民が革命によって奪ったりすることと同じ、やはり古くて新しい政治的な課題なのです。

ＡＩによって仕事が奪われるのではないか、という不安を直接的にＡＩの脅威、あるいは私たち個人がもつべき能力と関連づけるべきではないと私は考えます。ここには本来、社会のシステムをどう設計するべきかという、より大きな問題があるのです。

たとえば今、仕事は昔よりもきつくなっているのに、なかなか評価されない。今の若者たちは昔よりもレベルが低いなどといわれ、賃金も低く抑えられている。非正規社員と呼ばれる人の仕事量が増え、しかも高度な能力が求められるようになっている。そのような状況があるからといって、ＩＴ技術を否定すべきではありません。

技術ではなく、社会のシステムに何か問題があると考えるべきでしょう。

AI時代に合った経済の仕組みが必要

かつて日本でも、松下幸之助のような高額所得者に対して七割もの所得税が課されていた時代がありました。一九七四（昭和四九）年には、住民税と所得税を合わせた最高税率は九三％でした。『金持ち課税——税の公正をめぐる経済史』（ケネス・シーヴ、デイヴィッド・スタサヴェージ著）という本によれば、そうした高い所得税率が二〇世紀の後半にかけて徐々に下がっていったのは、国によって時期は少しずつ違うものの、世界的に共通する傾向のようです。

そして、この本のなかでも指摘されているように、高額所得者への税率の高さと深い相関関係があったのは第一次、第二次世界大戦のような大きな戦争です。戦争を遂行するために、あるいは戦争の大きな被害から復興するために、事業で稼いだお金は国民と社会に還元するという考え方が主流でした。

ところが今は、国に税金を納めるのが嫌だからといって、たとえばタックス・ヘイブンに会社を移すようなことをして平然としている経営者も多い。高い税率をかけても効果がないのであれば、新しい時代に合わせた形で、富を分配する方法を考えなければならないでしょう。

ＡＩ時代には、これまでにも増して格差が拡大するかもしれません。社会全体としては豊かになったとしても、その富をごく一部の人だけがかき集めてしまい、他の人は能力があっても職が見つからなかったり、仕事があっても賃金が安く抑えられてしまったりする…。

極端な格差が広がってしまうような時代に合う仕組みとして、ベーシックインカムに注目する人もいます。オランダのルドガー・ブレグマンという歴史家・ジャーナリストは『隷属なき道——ＡＩとの競争に勝つベーシックインカムと一日三時間労働』という本のなかで、貧困は人格や能力の欠如ではなく金銭の欠如でしかないと述べた上で次のように書いています。

歴史の流れを決めるのは、テクノロジーそのものではない。結局、人間の運命を

決めるのは、わたしたち人間なのだ。アメリカで具現化しつつある極端な不平等は、わたしたちが選べる唯一の選択肢ではない。もう一つの選択肢は、今世紀のどこかの時点で、生きていくには働かなければならないというドグマを捨てることだ。

生きていくには働かなければならないというドグマとは、社会のために働き、お金を得ることができなければ生きていくことは許されない、という私たちの社会がもつ大前提を意味しています。

それを変えるための仕組みがベーシックインカムなのか、もっと他に再分配のためのよい方法はあるのか。ベーシックインカムには管理社会を想起させるネガティブなイメージ

松下幸之助
1894 - 1989
実業家、発明家。パナソニックホールディングス（旧社名松下電気産業）を一代で築き上げる。「経営の神様」ともいわれた。

ルドガー・ブレグマン
1988 -
オランダの歴史家、ジャーナリスト、ノンフィクション作家。ベーシックインカムや週15時間労働制、国境開放などの社会政策を主張。

もありますが、この本ではこれ以上その問題に深入りしません。

いずれにせよ、「AIよりも能力が低く役に立たないのであれば給料は低くても仕方がない、仕事がないのも仕方がない」というような論理には反対していかなければならないと思います。正規社員と非正規社員の間の納得できない格差のような格差を再び生まないように。

人間の能力や学力はむしろ上がっている

これまで人間は「頭の良さ」というものを「記憶力のよさ」と深く関連づけて考えてきました。だからこそ、とりわけAIのようなものにはかなわない、自分に能力がないのだから仕方がないなどと考えてしまうのかもしれません。しかし、人間の能力をコンピュータやAIと比べるのは、あまり意味がありません。

なるほどIT技術の進歩とともに、事務作業を始めとする多くの仕事が効率化されてきました。デジタル技術をうまく取り入れた分野では、人間が行う手作業よりも正確でスピーディーに仕事ができるようになりました。

一方、IT技術の進展とともに働く人たちの能力はどうなったのかと逆に問うならば、どうでしょうか。私は人々の能力も、ものすごく上がったのではないかと考えています。

時々、昭和の時代の会社員や労働者をノスタルジックに美化する人がいます。確かに今よりも長時間、しかもハードな肉体労働をともなった仕事をしていた「モーレツ社員」もいたでしょう。けれども、あの頃に比べて今の人たちがやっている仕事というのは、ある面、信じられないくらい難しいものになっているように、私には思えます。

パソコンを一台渡され、「じゃあ、君、企画からお客さんとのやり取りまで、すべてひとりでやってくれ」というようなことは、昔はなかった。今は道具が進化したために、仕事量も増えて、しかも短い時間のなかで多角的な才能を発揮しなければならなくなってしまいました。電話しかなかった時代であれば、限られた時間のなかで数人の相手しかできなかったのに、メールを使うことでその五倍、一〇倍もの人を相手に仕事を行うようになっている。

仕事が増え、求められる能力は高まっているのに、それでも非正規社員が増え、能力がないのだから仕方がない、正規社員になれないのは能力が足りないからだ、というような考え方が強まっているのは疑問です。

同じように、昔に比べて若い人たちの学力が下がっているというようなこともよくいわれますが、これも一面的すぎる捉え方ではないでしょうか。

たとえば、東大生に毎年、同じテストをやらせている先生がいて、年とともに正答率が下がっているのだといいます。けれども若い人の数がかつてよりも半数近く減っているなかで、その「学力上位」に位置する同じ数の学生を比べれば、成績が落ちるのは当たり前です。そして、時代とともに求められる能力が違ってくるのが自然です。

伝統的な学力の重要性はこれからも変わらない

新しい時代が来れば、これまで人間が培ってきた能力がすべて役に立たなくなる、などということはありません。

伝統的な学力、あるいは一般に「頭の良さ」と呼ばれてきた能力は、言語が中心となっているものです。言葉で読んだり、聞いたりしたものを要約して、的確にもう一度、記憶から引き出すことができる。私たちが「勉強」と呼んできたものは、つまるところ「要約力」を鍛えることです。記憶し、もう一度、その要点を再生することができれば、大抵の教科はできるということになります。

第1章で見たように、これはChatGPTが得意とするところ。でも、だからといってこの学力がAI時代には不要となるかといえば、そんなことはありません。むしろこれは、どんな時代のどんな場所の人間生活においても、最も基本的な能力であり、ずっと鍛え続けたほうがいい。スポーツでいえば、どんな競技にも対応できる下半身をつくる基礎体力づくり、みたいなものといえるでしょう。

これができないと、仕事や生活においても困ったことが起きる。

「あのとき、ああ指示したのに、なぜできないのか？」

「交渉を頼んだのに、大事な前提が分かっていなかったのか？」

ミスというのは、単純な伝言ゲームのギャップから生まれます。AI時代といっても、人間が何かをやる以上、その本質は同じだと思います。パソコンのアプリを使っても、A

Iのような秘書がいても、基本は伝言ゲームなのです。

私は新しく社会人になる大学生たちに、よく「ホウレンソウ（報告・連絡・相談）」よりもいいんじゃないかと思って、「テンシュカク（テンション・修正・確認）」を大切にすれば大丈夫だからと言って、彼らを送り出しています。自分の機嫌をよくしてテンションを高めて仕事に臨む。ミスは繰り返さないように、自分で修正できる力をもつ。そして最後に大切なのは、なにごともやる前には確認しましょう、ということです。お客さんとの待ち合わせがあったら、場所や時間をもう一度しっかりと確認する。周囲に確認をとってから行動する。

こういった人間として普通の「ちゃんとした基礎力」があることが大切。

ＡＩ時代における仕事のやり方は、たとえばパソコンを駆使しなければならない今よりもさらに高度な進化を遂げるかもしれませんが、この大元にある基本のところは変わらないのではないでしょうか。

それがない人は、どんなに高度な道具を駆使しても、ぼろぼろといろいろなミスを起こしてしまう。当たり前の伝言ゲームもできないのに、次元の高いレベルで何かをやろうといっても無理だと思うのです。

そういう意味では、これまでの伝統的な勉強の仕方で鍛えてきたものは、まったく無駄ではありません。むしろ、時代が違うからといってこれまでの教育のあり方を簡単に捨て去ってしまうのは、日本にとって非常に危険だと思います。

新しい時代の頭の良さとは何か？

もちろん、時代とともに求められる「頭の良さ」の質が変わってくることは確かでしょう。変化の激しいこの時代に、これまでと同じようなやり方で、同じような勉強をしていれば問題ない、ということではありません。

先に述べたように情報は、これからものすごい速さで陳腐化していきます。世の中で必要とされるものは、そのとき、そのときで変わっていくのです。だからこそ、そうした変化に対応できるような基礎的な学力のあり方が模索されているのだと思います。

そのような意味で、最近私が大学で自分の教える学生たちと接しているときに、「これは、新しい時代の頭の良さだなあ」というふうに強く感じた出来事がありました。

そのとき私が出した課題は、次に行う国語の授業で芥川龍之介の『羅生門』や、夏目漱石の『こゝろ』を取り上げるとして、授業の「予告編」CMのようなものを、一分程度の長さでつくってくるように、というものでした。

私の教え子たちが学んでいるのは教職課程ではありますが、実際は教師になる学生よりも、一般企業に就職する学生のほうが多い。ですから、私はいつもそのことを念頭に課題を与えることにしています。このときも、実際に学校でその「予告編」を生徒に見せるためというよりは、むしろ一般企業でのプレゼン能力としても役立つだろうと思いながら、この課題を出したのです。

全員がパソコンでCMをつくり教室で発表したのですが、あまりにも出来映えが素晴らしくて本当に驚きました。パワーポイントでつくった、いわゆるプレゼン資料のようなものはむしろプリミティブな部類です。さまざまな動画や音楽、それに演技といった要素を駆使したテレビCMに近いものもあり、いくつかは本当に映画館や地上波でも流せるレベルじゃないかと思ったくらいです。

その学生たちが特にパソコンが得意だったとか、映像をつくり慣れていたというわけではありません。ですから学生たち自身も他の発表を見て、やはり「みんな、こんなに上手いのか」ということに衝撃を受けていたのです。

今の学生たちには、ただ文章にまとめるだけの一般的なレポートとは違うものをつくる能力がある。それは、手法的にも内容的にも決して慣れているとはいえない、初めての課題にもうまく対応し、レベルの高いものを仕上げられる力でしょう。そして何よりも、こういうものをつくることのできる表現力というのは、相手に何かを伝えなければというときに工夫をする「演出力」をともなったものだと感じました。

新しい時代に求められる「頭の良さ」とは、どんなものなのか？　そして、それは何をすれば身につけられるものなのか？　そうした問いに対して、次の章からはより具体的に、より詳しく考えていきたいと思います。

第3章

変化の時代に求められる「頭の強さ」

本質を見抜く力と勇気をもった維新の志士たち

第3章からは、これからのＡＩ時代を生きていく人にとってどんな能力が大切になっていくのか、私なりの考えを書いていきたいと思います。

前章で、私はＡＩを黒船の来航にたとえました。そして、幕末という時代に見たこともない強大なものを目の前にして多くの人たちがパニックに陥っているなか、どんな変化が起きているのか、その本質を冷静に捉えて行動した佐久間象山や勝海舟のような人がいたことを指摘しました。

古い時代の支配層であり特権階級であった武士たちにとって、新しい時代の変化についていくことは、想像以上に難しかったに違いありません。それでも、たとえば薩摩藩の島津斉彬や佐賀藩の鍋島直正といった人々は、早くから時代の流れを察知していたと思います。そうした流れを理解しながら、自らの信念に基づいて行動した坂本龍馬のような人たちが次々と現れたことで、やがて日本は明治維新という新しい変化の時代へと飛び込んでいくことになるのです。

現代を生きる私たちの視点から振り返って、この明治維新というものをどう捉えるかについては、多くの見方があって意見は分かれます。なかには、明治維新にそれほどの意義を認めない人もいるでしょう。けれども私自身は、あの時代にアジアのなかで独立を維持して近代国家として成功した希有な事例として、大いに評価すべきだと思います。

そして、明治維新を成し遂げたのはまったくの新興勢力ではなく、古い時代の特権階級である武士たちであったことに注目すべきでしょう。

武士たちは、やがて四民平等という身分制度の改革を行い、藩主たちも廃藩置県に同意

佐久間象山
1811 - 64
松代藩士。兵学者、朱子学者、思想家。当時、洋学の第一人者。一橋慶喜に公武合体論と開国論を説いた。

勝海舟
1823 - 99
幕末期の開明的な幕臣。新政府側の西郷隆盛と会談し江戸の無血開城を実現。

することになります。それは、殿様として君臨する藩主であったり、そこに仕える藩士であったりという、自分たちのアイデンティティそのものを捨てることでもありました。

なぜそんなふうに、「公のために、私の利益を捨てる」ことができたのか？　それをごく単純化していえば、武士たちのなかに、新しいものに立ち向かう勇気があったからだと思います。

「そもそも武士とは何だったのか？」というところに立ち戻れば、武士の資質として最も強く求められるのは勇気でした。佐賀藩士・山本常朝によって口述されたという武士道書『葉隠《はがくれ》』のなかにも、「武士道と云ふは死ぬ事と見つけたり」という有名な一節がありますが、「お前には勇気があるのか？」「お前は死ねるのか？」ということを常に問われる。武士というのは剣術や禅などをとおして、その勇気というものをとりわけ鍛えていた人たちといってよいでしょう。

『葉隠』の中に出てくる話ですが、武士の子どもたちはよく肝試しをしていました。それは夜中に暗闇を歩いて、野に晒された本物の首に印をつけてくるというような、今では考えられないようなものだったといいます。そして、たとえば切腹をする人の首を斬る介錯ができて、初めて一人前となる…。そういう教育を受けて育った人たちが命を懸けて行った改革が、明治維新だったわけです。

当初は、その勇気が外国人を斬り、追い出そうとする「攘夷」の形で現れることも少なくありませんでした。

けれども、それでは上手くいかないというときに、武士たちは自らの命を懸けて話し合い、説得し合ったのだと思います。だから私は、武士たちの行動の根源にあったのは勇気と行動力であったと感じずにはいられません。

「頭が強いなあ」という感動を与える人とは？

時代の本質を見極め、私利私欲を捨てて行動することができた人たち。本質を見抜く力はともかくとして、勇気や行動力などというと「頭の良さ」とは別ものではないかと思う人も多いかもしれません。

確かに、肝試しで成功する子どもを「頭が良いね」と褒めたりはしないのと同様、ほとんどの人が勇気のような資質は、頭ではなく心と結びついていると考えています。

しかし、本当にそうでしょうか？　頭の良さと勇気、あるいは頭の良さと行動力。私はたびたび、このふたつは分けることができないものだと感じずにはいられないような人を目撃して感動することがあります。

私は高校野球を見るのが好きで、夏の甲子園大会などは毎年、全試合を録画して、夜にテレビで見ています。とりわけ面白いなあと思うのは、どの試合でも一回くらいはあるチーム全体がパニックに陥るような瞬間に、文字どおり筋書きのないドラマが展開されるようなときです。

選手たちが予測していなかったような、とんでもない出来事が起きる。そんなときにチームのなかに冷静な選手がひとりでもいると、すごく目立つものです。たとえば、ピッチャーだけが冷静で、飛び出しているランナーを牽制で刺す。あるいは、スクイズを見破ってわざとボールを外してランナーをおびき出して、大きなピンチからチームを救うといった場面です。他の選手たちがパニックに陥って、頭がかっとしているような状況で、なぜそういうことを冷静に判断できるのかと感心してしまう。

メンタルが強くなければ、経営者として成功できない

歴史上にも、そういう人物が時々いるものです。

たとえば江藤新平という人は佐賀藩の出身でしたが、明治維新後は日本初の司法省長官(司法卿)となり、日本にはまだ整備されていなかった司法制度、裁判所のシステムを一からつくり上げました。とりわけ「国の富強の元は国民の安堵にあり、安堵の元は国民に

江藤新平
1834 - 74
佐賀藩士・権大参事、政治家、官吏、教育者。「近代日本司法制度の父」と称される。

位置を正すにあり」として、人権を根本的な原理として擁護。それを元にした諸制度を設計します。でもそれは単なる理念の輸入や机上の空論にとどまるものではありませんでした。

たとえば、一八七二（明治五）年に江藤は、「司法省達第二二号」を発して人身売買禁止の徹底化を図ります。これは身売りの際に女性の家族が受け取った前借金は返済する必要がないとした法律です。その理由として通達は、牛馬にも等しく売買され酷使されている女性たちの境遇を「人身ノ権利失フ者」と表現しています。人権を蹂躙《じゅうりん》しているのだから、お金を請求することなど許さないという理屈でした。

弁舌の鋭さや行動のスピードが強調されることの多い人物ですが、私は江藤の根本に「怒りのようなもの」があると感じています。「人智は空腹の中より生ずるものなり」との言葉にもあるとおり、何かに耐えて我慢しながら、頭を全速力で回転させているような印象を受けるのです。

同じ佐賀藩出身の副島種臣によると江藤は、「すぐには怒らない、三日くらい考えてから怒る」と自らの信条を語ったといいます。感情と理性を別のものとして分けていない。かといって感情の命ずるままに行動することをよしとしない。他人から見れば、少し分かりにくい独特のスタンスといえるでしょう。

この人の人生や考え方、仕事のやり方を知れば知るほど、頭が良い人だったのだなあと思います。そして、その頭の良さはやはり、どちらかというと「頭が強い」と表現したくなる種類のものなのです。

自分がこの時代に生きていたとして、「人権を守る」というまったく新しい観点をもちながら、司法システム全体を構築するような頭の使い方ができただろうか？　ただ考えるだけでなく、実際に周囲を説得して先進的かつ革命的なことを実現するだけのタフさが自分にあっただろうか？　そう考えると、頭が良いというだけでは何かが足りないように感じてしまいます。

明治維新で活躍した人のなかには、こういう「頭が良い」というよりも、「頭が強い」という印象を与える人が多い気がします。

現代に当てはめて考えれば、政治よりもビジネスとか会社経営の世界を生きる人たちのなかに、こういう「頭の強さ」を感じさせる人が多いように思えます。

なぜか時代に対する鋭い目をもっていて、変化を読むことができる人。あるいは、何を考えているのかは分からないが、右へ行くか左へ行くか、といった経営判断だけは決して間違えず、ブレることのない人。不況がやって来て会社の経営が苦しくなっても明るい心持ちで仕事に励み、いつか危機を乗り越えて回復させることのできる社長さんといったイメージです。そういう失敗にくじけないメンタリティの強さが、経営にとって大切と強調する経営者は多い。そもそもメンタルの弱い経営者というのは、あまり聞いたことがない。

私は対談などの仕事で会社の経営者に会うことが多くて、もちろん頭の回転の速い、いわゆる賢い人も多いのですが、それだけではちょっと表現が足りないと感じることが少なくありません。信念が強いとか、忍耐力があるとか、心が強くてへこたれないメンタリティの持ち主というような表現をしたくなる人が多い。つまり、「精神的タフネス」をもっている。

この状況でこの決断ができるんだなあ、とそのスピードに驚いたりするような経営者に共通するのは、判断力や予測力といったものが「精神的タフネス」と不可分に合わさったような「頭の強さ」なのです。

「頭の強い人」が社会で求められている

競争の激しいビジネスの世界においては、「頭の良い経営者」などと表現しても、むしろマイナスのイメージをもたれてしまうことも多い。経営者ならば行動力がなければ務まらないし、本質をぐっとつかむような優れた洞察力が不可欠でしょう。

さらに、多くの部下を率い、さまざまな相手と交渉しなければならないのですから、人の情というものにも精通していなければならない。それが全部どこか根っこの部分でつながっているのだけれど、最終的にはものごとを頭で考える、素早い決断が求められる。

昔から、私たちは優れた頭脳の持ち主のことを「頭が良い人」、そうでない人を「頭の悪い人」と呼び続けてきたわけですが、どうも今となっては実態に即していないのではないかと思います。

私たちは言葉のなかに、現実に機能する何かを求めている。「頭の良い人」に対しては、学校で勉強のできた、記憶力がよくて試験などに強いタイプという限定的なイメージをもっていて、本音のところでは、それだけでは足りない何かをいつも求めている。

でも、決断する勇気や行動力が、頭の良さとは関係のない心の問題だと考えてしまうと、実際には頭の回転が速くて、肝が据わっていて、大胆な判断ができる、優れたアスリートや経営者がもっている能力を、うまく捉えられなくなってしまう。それならば、「社会で求められているのは頭の良さではなくて、頭の強さですよ」ということが当たり前になれば、すごく分かりやすくて、イメージが変わっていくような気がするのです。

頭の整理ができないと心が弱くなる

自分の頭はそれほど悪くないけれども、心は少し弱いかもしれないなあ…そんなふうに思っている人は意外に多いのではないかと思います。

でも、本当にそうなのでしょうか？

私はむしろ、反対に頭の整理ができていないことが原因で心が痛めつけられてしまっていることのほうが多いのではないかと思っています。

何か問題に直面したときに、それをどう捉えるかという枠組みが適切でなかったり、こだわるべきポイントが違っていたりすると、そこから抜け出せなくなってしまうことがあります。

たとえば、過去について考えても変えることはできないのに、そこから思考が離れられなくなったりした経験は、誰にでもあるでしょう。そうすることで、現在までもダメにしてしまう。

『道は開ける』という有名な本のなかで、デール・カーネギーは過去について悩むという行為について、面白い表現をしています。

すでに終わったことについてクヨクヨと悩むのは、ちょうどオガクズを挽《ひ》こうとしているだけなのです。

オガクズを挽こうとするな。

オガクズというのは鋸で木を挽いた後にできるクズですから、挽けるわけがない。過去というのは、もう挽いてしまったオガクズのようなもので、それを今から挽こうとするのはナンセンスだ。そう自分で気づいてみると、なんとなく笑えるし、自分の行為を客観的に見られる。そして、自然と自分は新しい木を挽かなければいけないのだなあ、と気づく。

こういうアドバイスが私たちに与えてくれるのは、まさに頭の整理であって、考え方そのものです。それが腑に落ちたとき、悩みごとというものが、ふっと消えていく。

心を強くする方法というよりも、頭の使い方を教えてくれる知恵といったほうが近いかもしれません。

デール・カーネギー
1888 - 1955
作家、教師。自己啓発、セールス、企業トレーニング、スピーチおよび対人関係などのノウハウ開発者。ベストセラーに『人を動かす』もある。

感情を論理的に整理する方法とは？

仏陀の教えも、そのようなものであると考えると、意外にシンプルに捉えることができるのではないでしょうか。

人間は死が怖いとか病気がつらいとか、さまざまな苦しみを抱えている。でも、落ち着いて考えてみたら？と仏陀はいつも私たちに語りかけてくれているのだと思います。すべてのものは移り変わっていきます（諸行無常）。他の人や物への執着を取り去っていけば、欲望も消えていくし、悩みも消えていくよと言っている。

生老病死（四苦）のような深刻な問題に限らず、執着を落とすことで楽になる、ということは誰もが経験したことがあるのではないでしょうか。

私はかつてサッカー日本代表の試合を見ていて選手がミスをしたりすると、コントロールのできないような怒りを感じることがよくありました。テレビに向かって、我を忘れて怒鳴っているような人。まさにそれだったのです。

しかしながら、ふとしたことがきっかけで、「あ、これは自分の問題ではないんだ」と気づくことができました。それというのも、これまた恥ずかしいのですが、子ども向けの本にアドラーの言葉を引用して、「自分の課題と他人の課題をごちゃまぜにしないように」というアドバイスを、自分で書いているときでした。それを書いていた自分自身が、ごちゃまぜにしていた。

テレビのなかでプレーしている選手たちは一生懸命にやっている。しかも仮に試合で負けたとしても、それは私の課題ではなくて、監督や選手の課題です。サッカーのチームに愛情があるのはいいけれど、テレビを見ていて怒りが込み上げてくるというのは、おかしい。

そう思ったときから、すごく楽になった。まさに執着が落ちた瞬間でした。それから、自分でもびっくりするくらい心穏やかにサッカーの試合を楽しむことができるようになったのです。

頭と心と体は別のものではない

怒りや嫉妬といった感情を捨て、すべてを理屈で考えればよいという話ではありません。ここで言いたかったのは、感情や心の問題だと思っていたものが、実は頭の使い方の問題だった、という場合も多いということです。

これとはまったく逆に、本来は感情と心の問題なのに、頭だけで問題を解こうとしても、うまくいかない。そういう場合も少なくないでしょう。

私が思い出すのは、桜沢鈴さんの漫画を原作としたテレビドラマ『義母と娘のブルース』(TBS)の一場面です。

綾瀬はるかさん演じる主人公の亜希子はバリバリのキャリアウーマンですが、彼女は難しい業界用語ばかり使って、どちらかというと感情をうまく表に出せないタイプでした。

ところが、竹野内豊さん演じる最愛の夫を亡くし、義理の娘とふたりでやっていかなければならなくなる。でも、つい通夜や葬式の準備をテキパキやろうとしてしまう。近所のおばさんから「バカなのかい、あんた！　あんたの役目はそんなことじゃないだろう！」と言われてもよく分からない。では何をすれば？と問う主人公はおばさんに、「一緒に悲しむことだよ」と言われてしまう。

すごく印象的な、よいシーンでした。こんなふうに感情は別に置いて、とりあえず頭で正解を求めようとしても、うまくいかないことは多いものです。

そして、困ったときほど私たちは自分でもコントロールの利かない感情に飲み込まれているのです。冷静に考えなさいといわれても、どうしても、その奔流から逃れることができない。そんなときこそ冷静に、頭を強くして考える必要があるわけですが、それは感情を殺すこととはちょっと違う。なぜなら頭と心と体はつながっていて、必ずしもすべてを分けて考えることはできないからです。

悲しさを無視したり、大切なことを忘れて目の前のことだけに没頭したりすれば、どこかに無理が来てしまいます。そんなときこそ、ふーっとゆっくり息を吐いて気持ちを落ち着け、しっかりと頭と心の両方を動かす必要があるのです。

こんなふうに言葉で説明するのは簡単ですが、感情のことを頭で理解しながら身体でそれを実践することは大変難しい。技術や知識の進歩には目覚ましいものがありますが、人間性は昔からあまり変わっていないように思います。

たとえば、約二五〇〇年前に、孔子は弟子である子貢とこんな対話をしています。

「先生が一生かけて大事にされるものは何ですか」と問う子貢に対して、「其《そ》れ恕《じょ》か」と前置きをし、この「恕（他人の心情を察すること。思いやり）」というものを説明しながら、「己れの欲せざる所、人に施すこと勿《な》かれ」という、あの有名な言葉で応じたのです。こういう漠然とした大きな質問を、恐れ多くも孔子にしてしまうというところが子貢の図々しいというか、すごいところだとは思うのですが、さすがの孔子も分かっています。

子貢が「私は人からされたくないと思うことは、また人にもしないようにしたいと思います」と真面目に答えると、「子貢よ、それはなかなかお前にできる事ではない」と静かに応じたというのです。

説明されて頭で理解したところで、それが実践できるようになれば苦労はないということでしょう。

西郷隆盛も大切にした「智仁勇」とは？

同じく孔子の、「知者《ちしゃ》は惑《まど》わず、仁者は憂えず、勇者は懼《おそ》れず」という言葉があります。儒学の「三徳」とも呼ばれるこの「知仁勇」は、判断力（知）と人に対する真心《まごころ》や優しさ（仁）、そして行動力（勇）を合わせもつことが人間として素晴らしいという意味でしょう。

周りの人を思い浮かべながら、このうちひとつが足りない人のことを考えてみると、分かりやすいと思います。あの人は、優しくて真心があって、そして勇気や行動力もあるけど、どうも判断力に欠けるところがあって困るなあ、とか…。三つを兼ね備えた人というのは珍しいのかもしれませんが、三つのうちひとつが決定的に欠けているというのも人間としてどうかなと思ったりする。

孔子は人間性にとって欠かすことのできない大切なものを、こうして三つに要約した。「知仁勇」という言葉は、非常に短くてシンプルで分かりやすい。だから、私はこの「知仁勇」

に、体の部位を当てはめてみることにしました。「知」はおでこの奥、つまり脳の前頭葉です。「仁」は胸、つまり心臓（ハート）のあるところ。そして「勇」は臍下丹田《せいかたんでん》とも呼ばれる下腹部、昔でいう肚（はら）という場所です。

おでこ、胸、そして腹。三つの部位に自分の手を順番に当てながら、「知仁勇」と声に出してみる。そして、自分に何が足りないのか、あるいは失敗した原因は何だったのかと考えるのです。

判断が悪かったのか。人に対する真心が足りなかったのか。それとも、勇気や行動力が足りなかったのか。これをやると、不思議に自分のなかで答えが見えてくるのです。

西郷隆盛が大切にした言葉を集めた『南洲手抄言志録』という本があります。これは、

西郷隆盛
1828 - 77
明治維新の指導者。勝海舟とともに江戸城無血開城を実現し、王政復古のクーデターを成功させた。

佐藤一斎
1772 - 1859
儒学者。『言志四録』は後半生に記した随想録。『言志録』『言志後録』『言志晩録』『言志耋録』の四書の総称。非常時の覚悟を示した書として知られる。

もともと儒学者・佐藤一斎が書いた『言志四録』という語録のなかから、島流しになった西郷が自分でいいと思った言葉だけを選んで書き残したものです。ここにも「智仁勇」という言葉が出てきます。

智仁勇は、人皆大徳《たいとく》企《わだ》て難しと謂《い》ふ。然《しか》れども凡《およ》そ邑宰《ゆうさい》たる者は、固《も》と親民の職たり。其《そ》の奸慝《かんとく》を察し、孤寡《こくわ》を矜《あわれ》み、強梗《きょうこう》を折《くじ》くは、即ち是れ三徳の實事なり。

（智仁勇について、「実際に行うのは難しい」と人は言う。しかし、人の上に立つ者は人びとをよく治める義務がある。つまり悪事を明らかにし（智）、孤児ややもめを憐れみ（仁）、強暴な者をこらしめる（勇）。この三つを実際に行わなくてはならない。）

こうした本を読むと、江戸時代には脈々と受け継がれてきた儒学の伝統があって、それが明治維新につながっていったのだなと感心せずにはいられません。

社会が必要としているのは、バランスのとれた人間性

「頭の強さとは何か」に話を戻せば、頭が強いというのは、まさにこの「智仁勇」が三つそろい、しかもバラバラではなく、ひとつにつながっているような状態だといえるのではないでしょうか。

尊皇攘夷運動のなか、京都で知り合った僧・月照の身を守ることができず、ともに錦江湾に身投げするなど、西郷隆盛は義理人情に厚い「大誠意」の人として描かれることが多い。これと決めたことは、決して変えない人物です。

しかし一方で彼は、誰もが驚くような決断をくだす「大胆識」も備えています。相手の言葉に耳を傾け、正しいと思ったら電光石火のスピードで自説を撤回することができる。だからこそ、江戸総攻撃と徳川慶喜征伐を強く主張していた西郷は江戸城で勝海舟と会って無血開城を実現できたのです。

開城後の江戸城大広間でいびきをかいて昼寝をしていたという逸話が本当かどうかは分かりませんが、まさにそういう不思議なバランスのとれた人物像を象徴しているのでしょう。

「智仁勇」と似た西洋の概念としては、「知情意」があります。

西洋では知性、感情・情緒と並んで意志を三つ目の要素とした。これら三つがバランスよくそろうことでトータルな人間性が完成すると考えたようです。今も、心理学などでは、この「知情意」という言葉が使われます。

「知情意」であれ「智仁勇」であれ、この三つのバランスがとれた人間が望ましいというのが、東洋においても、西洋においても、おおよその一致した見解であったといえるでしょう。

そうだとすると、この三つが大切であるということは、未来においても変わらないと思われます。むしろ、短い期間にこれまでの教義や価値判断ががらっと変わってしまうような時代に、この三つをバランスよく備え、しかもスピードをもって、変化する状況に適切に対応できる「頭の強さ」が大切だと感じるのです。

たとえば、「ＡＩ時代の企業人」に求められる資質は何だろうと考えたとき、それは何かに特化した能力というより、「一緒にやっていきたい」と思わせるようなバランスのよい人間性なのではないでしょうか。

そういう人間のほうが、複雑な事態に対応するチームにとって、やっていきやすい面があると思うのです。これまでの時代は、一定の知的能力や情報をもっていること、それを証明する学歴のようなものが、トータルな人間性よりも優先されていたかもしれません。しかし、そうした優先順位のつけ方は確実に変わっていくと思います。

ものごとの本質を素早くつかむ力をもち、単に知識だけではない、豊かな感情や行動力をともなった人。

しかし、この「頭が強い人」という表現で私が思い浮かべるのは、必ずしも維新の志士や経営者、スポーツ選手といった「戦う人々」ばかりではありません。

スティーブ・ジョブズばかりでは組織が破綻する理由

これからの時代、どんなタイプの人が最も必要とされるだろうか、と問われることがよくあります。そして、アマゾンのジェフ・ベゾスやアップルのスティーブ・ジョブズのようなクリエイティブで新時代を切り拓いていくようなアイディアをもった若い人が、日本でもっと出てくるようになれば、という期待をしている人は多くいます。

そういう希望的観測の下で実際に教育改革が行われたとして、どんなことが起きるでしょうか？　もちろん、本当の天才がどんどん出てきたら喜ばしいことでしょう。しかし、単に人格的なタイプとしてジョブズのような人ばかりになってしまったら、それはそれで大変です。

アップルのコンピュータやiPod、iPhoneのような優れた商品が生まれるにあたって、ジョブズの周りには、必ずしも同じようなメンタリティを共有しない、技術者やデザイナーといった人々もたくさんいたことを思い出してください。経営者タイプでひらめきがあり、自我の強い人がひとつの場所に何十人もいる状況というのは、なかなか想像しにくい。

自我の強いジョブズがあらゆるプロジェクトに首を突っ込み、開発者を理不尽に罵《ののし》ったりして引っかき回したというような逸話は数知れません。その結果として、ついに一九八五年には愛するアップル社から追い出されてしまいました。一九九六年に劇的な復活を果たすまで、彼は約十年にわたり社外でキャリアを積んだのです。

新しいものを生み出す力を失いかけていたアップルを復活させ、その後の成功を導いたのが、復帰したジョブズの個性であることは間違いありません。

たとえばiPhoneのような画期的な商品を見たとき、今も彼の顔を思い浮かべる人は多い

スティーブ・ジョブズ
1955 - 2011
起業家、実業家、工業デザイナー。Appleの共同創業者のひとりであり、同社のCEOを務めた。

でしょう。けれども、ブライアン・マーチャント『ザ・ワン・デバイス――iPhoneという奇跡の〝生態系〟はいかに誕生したか』を読むと、そのイメージは心地よく覆されます。社内と社外で活躍する驚くほど多くの人びとのアイディアと努力によって、iPhoneという画期的な商品は生み出されました。

その経緯を詳細に書いたこの本によれば、アップル社内でiPhoneを構想したのも、実はジョブズではありません。二〇〇四年頃まで、むしろ電話をつくることに反対していたジョブズは、結果として自説を曲げることで歴史をつくったともいえるのです。

社会全体としても、「クリエイティブな人間」「イノベーティブな人間」「古い考えにとらわれない人間」などといった一種類に偏ってしまうよりも、能力的にも気質的にも多様な人々が存在していたほうが、バランスよく協働できるはずです。

社会で必要とされる人々の大多数は、さまざまな個性や能力の違いをもちながら、特にこれと目立つことはなくても、うまく他人と一緒に仕事をこなせるような総合力をもった人です。

そうした前提を踏まえた上でなら、やはり新しい時代にはある種のクリエイティビティが大切になっていくだろう、と私も考えています。でもそれは、誰もが新しい商品や画期的なサービスを生み出すようなイノベーションを次々に思いつく、といった荒唐無稽な夢物語ではありません。

前章の最後で、私は自分の教える学生たちが課題に応えてつくってくれた見事な作品を見て、「これが新しい時代の学力のスタンダードかもしれない」と感じた話を書きました。たとえば歴史なら「明治維新」とか「大航海時代」、国語なら芥川龍之介の『羅生門』や夏目漱石の『こゝろ』といった、次の授業に向けての短い「予告編」のようなものをつくる、という課題を出したときのことでした。

自分が教える生徒たちの興味や好奇心のあり方を想像しながら、楽しそうな部分を分かりやすく映像で伝え、やる気を引き出す。昔でいえば映画監督並みのクリエイティビティが求められる課題ですが、今の学生たちはこれをやすやすとこなしてしまう。もちろん、本当に映画監督としてやっていくだけの原動力や才能には欠けているかもしれません。それでも人を楽しませながら、ひとつの作品を演出して仕上げるという力が、ますます重要になっていくと思うのです。

これは必ずしも課題に沿って映像作品をつくる、というような狭い話だけにとどまるものではないと思っています。

お笑い芸人がもつ「頭の強さ」

スポーツ選手や経営者以外で私が「頭が強いなあ」と感心させられることが多いのは、お笑いの仕事をしている人たちです。たとえば、『マツコ&有吉の怒り新党』（テレビ朝日）以来共演されている、有吉弘行さんとマツコ・デラックスさんのふたり。

どんな話題に対しても、ただコメントするだけではなくて、笑える何かを言うという非常に高度なことを常にやっている。あるときは、ハラスメントの話題が出ていて、「最近はハラスメントをしてしまうのが怖くて、上司が指導できない。新人なのに、何も教えてもらえないハラスメント」なんていう複雑な話になっていました。このとき、有吉弘行さんは「一休さんかよ！」とツッコんだのを覚えています。瞬時に、しかも文脈に合ったツッコミを入れる頭の良さ、というよりも頭の強さ。理解力があって、アウトプットも素早く、キレが鋭く、しかも人を楽しませるサービス精神にあふれている。

ふたりともキャラクターはちがうものの、昔からどちらかといえば「毒舌」をウリにしていました。頭の回転が速く、ふつうのヒトがぼんやり見過ごしてしまうような「違和感」にも、素早く注目できる。でも、それで嫌われることがなかったのは、その違和感をいつのまにかポジティブなメッセージに変換することができたからでしょう。

ふたりのMCを見ていると、スタジオと番組全体を俯瞰する視点の広さと深さ、そしてスピード感にいつも感心させられます。このふたりが今もテレビの主役として長く活躍できているのは、ふたりにそういう複合的な力があったからでしょう。それが、かつての私が感じた「頭の強さ」なのだと、あらためて深く感じずにはいられません。

お笑い芸人というのは、もともと「頭が良い、頭が悪い」という世界で生きていない人たちです。何をふられても、とにかく笑いを狙いにいくという、芸人根性をもっている。けれども芸人さんたちの頭の使い方を見ていると、やっぱりすごいと言わざるを得ない。話の流れや空気、刻々と変わる状況の変化を常に見渡して判断している。もちろん、メンタルも強い。それで初めて、オンエアされる場面で笑いがとれる。

人を楽しませるユーモアというのは、人間が発揮する一番高度な能力といえるかもしれません。次章でもう少し詳しく話すつもりですが、人間が笑うというのは、非常に複雑な現象です。そして、お笑い芸人ほど高度な力ではないにしても、これからの時代においてユーモアはますます重要な能力になっていくのではないでしょうか。なぜなら、時代はますますマジメになってきていて、言ってはならないことはますます多くなり、笑いはますます希少なものになっているからです。

ものごとの本質を素早くつかむ力をもち、「智仁勇」をあわせもつトータルな人間性をもっている。そして、言葉やヴィジュアルを使ったアウトプットによって他人を楽しませることができる人…。

ＡＩ時代に求められる「頭の強さ」の具体的な姿がようやく見えてきました。

次章からは、そういう強い頭をもつには何をどう鍛えたらよいのか。そのための方法を考えていきましょう。

第4章
「頭の強さ」を手に入れる方法とは？

問題解決のスピードが求められる時代

新しい時代の大きな特徴のひとつは、スピードではないでしょうか。

スピードが遅いという理由ひとつでもって、現代ではたとえば「サービスが悪いこと」とイコールになってしまう場合がある。製品やサービスについての質問に対する答えであれ、同僚や上司、部下に対するコメントであれ、一〇秒くらいでテキパキと説明できる、というような即応性が求められる場面が非常に多いのです。

かつては、そういう能力は必ずしも求められなかったと思います。面倒な話であれば「上司を呼んできます、少々お待ちください」ということも許された時代でした。

のろのろしたサービスや、質問をしても要領を得ない受け答えばかりしている店員に客たちはイライラを募らせる。いわば、誰もが素早くて快適なサービスに慣れすぎて、麻痺しているような状態です。このこと自体は、大いに問題かもしれません。

しかし残念ながら、「よいサービス」というのは、一度当たり前になってしまうとそれ以前の状態には戻れないものです。今さら、昭和の汚い公衆トイレに戻れないのと同じです。トイレはきれいになる一方だし、コミュニケーションもスピード感が求められる一方なのです。

電車の駅には自動改札が導入されてずいぶん便利になりましたが、今度は前の人が少しひっかかっただけでイライラしてしまう。「タイパ（タイムパフォーマンス）」などという言葉が当たり前のように使われ、私を含め多くの人がＹｏｕＴｕｂｅなどの動画を一・二五倍から一・五倍速で見るのが当たり前という時代です。

こういうサービスを維持するために、人間の能力にもスピード感が求められてしまう。スピードは遅いけれど、本当のところは頭が良い、という人はたくさんいます。しかし、どんなに頭が良くても、スピード感のない人に対して、「頭が強い」と感じることはないでしょう。

これもまた今に始まったことではありません。ベンジャミン・フランクリンの「タイム・イズ・マネー」以来、資本主義にとって中心となる課題はいつも時間だったからです。

経営学者のピーター・ドラッカーも時間のマネジメントを非常に重視しており、『経営者の条件』といった著作のなかで時間管理についてのさまざまな言葉を残しています。以下にひとつ引用します。

時間はあらゆることで必要となる。時間こそ真に普遍的な制約条件である。あらゆる仕事が時間の中で行われ、時間を費やす。しかしほとんどの人が、この代替できない必要不可欠にして特異な資源を当たり前のように扱う。おそらく時間に対する愛情ある配慮ほど成果をあげている人を際立たせるものはない。

そのためにドラッカーは、普段から時間の使い方を記録すること、不必要なものをなく

ピーター・ドラッカー
1909 - 2005
ユダヤ系オーストリア人の経営学者。「現代経営学」あるいは「マネジメント」の発明者として知られる。

していくことを勧めています。

最短で最適解を見つける頭のトレーニング

たとえば、客が求めているニーズに合わせて素早く行動する。そのために何が必要かといえば、状況を合理的に捉え、何が大事なのかを瞬時に判断することでしょう。もちろん、判断したらすぐに行動を開始するわけですが、それも相手とのコミュニケーションを通して確認しながら行う。

こう書くと複雑で大変そうですが、たとえば私たちは算数や数学の授業を通して、こういうことを学校でも学んできました。解答への普通のプロセスと同時にショートカットを探す。そういう「近道」を見つけた人のほうが偉いというのが、算数や数学のルールです。

1から100までの数字を全部足したらいくつでしょうという問題があったとしましょう。1＋2＋3＋4＋5…とひとつずつ計算しても「正解」にたどり着くことはできるでしょうが、恐ろしく時間がかかってしまいます。1から100に対して、100から1までの数字を個々にたすと、どれも101になります。そこで、101×100÷2というふうに考えれば速いというのが数列の考えで、この例は実際にカール・フリードリヒ・ガウスという数学者が小学生のときに計算を工夫して先生を驚かせたという逸話を、そのまま書いたものです。

楽でずるい解法こそが、優れた解法なのです。

私たちは、この天才少年のひらめきを学ぶとともに、最適解を見つけるスピードを速くする方法をひとつ知ることになるわけです。

幾何学でも、ここに補助線を引けば一発で解けるといった工夫を学んでいきます。いずれにせよ、どうしたらもっとシンプルにできるだろうかと数学はいつも求める。だから4分の2は2分の1にする。約分していないと減点されるのは理不尽だと思う人もいるかもしれませんが、よりシンプルにできるのにサボっているというのは、数学的によくないのです。

そう考えると数学というのは、「最短で最適解を見つける頭のトレーニング」としてはとても優れたものだと捉えることができるでしょう。

頭のなかのスポットライト機能とシミュレーション思考

数学を大の苦手としているからといって、絶望する必要はありません。数学には向き、不向きもあるし、実は同じような「最短で最適解を見つける頭のトレーニング」というのは、あらゆる分野に共通する訓練方法といえるのです。

たとえば国語でいうと、「ここで著者が一番言いたいことは何?」といった質問に対して即座に答える能力がそれに当たります。あるいは、「この料理のポイントはどこ?」と聞かれてすぐにその「肝《きも》」を取り出せる。サーチライトやスポットライト機能とでもいえばよいのでしょうか。頭のなかで常に「大切なところ」をハイライトする。

こういう頭の使い方を鍛えるためには、そばについて「ストップ! 今ここで大事なのは何?」と聞いてくれる人がいるのが一番よい。スポーツをするときのコーチのような存在です。

前章で私は高校野球の選手が見せるプレーのなかに、驚くような「頭の強さ」を感じることがあると述べました。こうした選手たちの優れたパフォーマンスの向こうに、日々の練習があるのは言うまでもありません。

そんな練習方法のなかで特に印象に残っているのは、桑田真澄さんが高校生一年生のときにやっていたものです。入学当時、投手を外されて外野手に回されていた桑田選手は、PL学園に臨時コーチとして来ていた清水一夫さんの個人指導を受けていました。清水コーチは、たとえば風呂などに入りながらでも、「ノーアウト1、2塁で、ピッチャーが気にすることは何だ?」「カウントはワンスリー。次は何を投げる?」と頭のなかで場面をシミュレーションさせて、すぐに答えさせるという訓練をやっていたというのです。「次はどうする?」と問われて、たとえば答えは「牽制球を投げる」だったりするわけです。

これは、いわば「野球脳」を徹底的に鍛えるような手法です。「岩手県の県庁所在地は?」と問われて、「盛岡市!」と答えるような、一問一答式のクイズとは少し違います。野球の場合は、基本は共通していても、いろいろな状況があります。

だから質問のたびに考えさせるのですが、毎回じっくりと考えさせるような時間や余裕は与えない。適切なところに思考のスポットライトを当て、答えを出すスピードを圧倒的に速くしていくという訓練なのです。

当初は投手失格とされていたにもかかわらず、桑田選手はこうして一年生の夏の甲子園大会前に投手兼外野手として登録され、夏の優勝投手になる。桑田選手とその才能を見いだした清水一夫コーチのサクセスストーリーは有名ですが、その練習法のなかに「頭を強くする」ための手法がしっかり入っていたことにも注目したい。

この状況ならどうするという質問に対し、普段から即座に答えることのできない選手が、試合の騒然とした雰囲気のなかで適切に対応できるはずがない。だから、普段から正しく頭を使い、状況判断をし続けることが大切なのです。

桑田さんはプロ野球を引退して指導者の道を歩むようになってからも、根性論のような体育会系の野球理論を嫌い、合理的かつ科学的な野球理論の構築を目指して学び続けています。

最近、驚かされたのはNTTコミュニケーション科学基礎研究所の柏野牧夫さんとともに行ったという研究の成果でした。それによると、正確無比で知られる桑田さんの投球フォームも、その時によってリリースポイントが最大で一四センチメートルくらいずれているというのです。リリースポイントが毎回できるだけ同じになるよう訓練し、なるべく同じフォームで投げることが「制球力」につながる。そう考えるのが、いわば常識でした。でも桑田投手はむしろ毎回生じる小さなゆらぎを、無意識のうちに調整しながら投げていたというのです。

メンタルを強くするための身体技法

私たちはスポーツのこういう面白さを「体感」することがあります。記憶に新しいところでは、二〇二三年のワールド・ベースボール・クラシック（ＷＢＣ）準決勝のメキシコ戦で吉田正尚選手が打ったスリーランホームランや村上宗隆選手が打ったサヨナラ二塁打を思い出します。あるいは、次の決勝戦で登板を待っていたときのダルビッシュ有選手や大谷翔平選手のブルペンでの振る舞い。

あのとき、テレビを見ている視聴者も含め、誰もが息が詰まるような緊張を感じていました。画面から伝わってくる呼吸であったり、不安で硬くなった選手の表情を身体ごと共有したりするような不思議な感覚を、多くの人が味わいました。

刻々と状況が変わっていくスポーツであればあるほど、平常心が大切になります。もし世の中が安定していて、ほとんど変化しなければ、それほど肚の据わった人間ではなくても、頭の強い人間ではなくても、やっていける。昨日もやっていた同じことを、今日もやればいいわけですから、それほど難しくはない。

でも、今の時代のように変化が激しいときには、状況を見極める能力と同時に、スポーツ選手のようなメンタルの強さが求められる。平常心を保ちたい、というときに頭の使い方だけを考えていても限界があります。こういう場合、呼吸法のような身体技法も大切です。息を軽く鼻から吸って、ゆっくり口から吐く。

こういう身体性というものは、ＡＩの時代においては最終的に捨象されていくものなのかもしれません。けれども、現実にはハードな仕事をする人ほどメンタルの管理は大事で、ますます呼吸法や瞑想といったものが注目されるようになってきている。とりわけ、欧米でマインドフルネスが流行しているように、ヨーガや仏教などで培われた東洋の伝統を積極的に取り入れながら、宗教色を除いた形で現代化したものに人気があります。

マインドフルネスの意味は、「現在、まさに起こっている経験に注意を向ける心理的な過程」です。この考え方を流行させるきっかけとなったジョン・カバットジンという人は禅やヨーガを学び、仏教などで行われている修行法を西洋風にアレンジしました。『マインドフルネス ストレス低減法』という本のなかでは、呼吸法のエクササイズといったものが紹介されており、そこには吐く息に意識を集中することの大切さが強調されています。瞑想というものをシンプルに言い換えるならば、それは「今に集中する」ための鍛錬といえるでしょう。

人間の意識というのは、どうしても過去にとらわれるものです。そして、これから起こることに対しては不安を抱かずにはいられません。後悔と、将来への不安。それが今に集中しようとする思考を邪魔します。

スポーツなどでも、それまで強い相手に対して伸び伸びとプレーしていた選手が、「もしかしたら、このまま勝ってしまうかもしれない」と思ったとたんに硬くなってしまうということがあります。あるいは、さっきの大切なポイントをどうしてあんなふうに失敗してしまったのだろうと考えているうちに、次々と大切なポイントを見失ってしまう。どちらも、今に集中できていないと起こりがちなことなのです。

呼吸を意識することで、今に集中するやり方を学ぶ。仏教でいえば、そうやって今に集中してしがらみを離れ、悟りを得ようとしたのでしょう。頭が働いているのはいいのだけれども、ムダなことにどんどん頭のエネルギーが使われ、疲弊してしまっている状態。瞑想はそれを防ぐ手段です。

変化の激しい時代を乗り切るというのは、いわばサーフィンのようなものでしょう。次々と大きな波が押し寄せるけれども、ひとつとして同じ波は来ない。その波の一つひとつに対して、今を生きて、今に集中しなければ、乗りこなすことはできない。そういうメンタルとか心構えが、重要になってきています。

本質をつかむ力を鍛えるために

さて、頭の強さというのは、ものごとの本質を素早くつかむ力であると前述しました。では、その本質をつかむ力というのは、どうやって鍛えることができるのでしょうか。実は、これに対する答えは意外と簡単です。

「本質」とは何か？

それは偉い先生だけが知る真理などではないし、体得すればそれで終わりという知識でもありません。むしろ問いや文脈に応じて姿を変えながら、そのときどきで立ち現れてくるものなのです。だから本質というのは、目的がはっきりしないと、いくら考えてみてもそれをつかみ取ることができません。こう書くと当たり前すぎることのようですが、とても重要です。

たとえば、一冊の本を読んでいたとしましょう。きっと誰もが経験したことがあるはずです。いつか役に立つかもしれないから、なんとなく読んでみようとか、何が面白いかよく分からないけど、とりあえず読み始めてみた、という読書ではなかなか集中できません。どうしても頭の中がモヤモヤとしてしまうものです。

それとは逆に、何か課題や目的をもって本を読むとスピードも上がりやすい。

本質をつかむ力というのは、ぼんやり考え続けているといつか得られるようなものではなく、アウトプットを想定しながらインプットをすることで鍛えられるものなのです。

誰のどんなリクエストに自分は答えようとしているのか？ 私自身の仕事でいえば、同じシェイクスピアを教えるのでも、小学生に教えるのと大学生に教えるのは違います。もしかしたら、スーツを着たビジネスパーソンが相手かもしれないし、看護師の集団かもしれないし、八〇代以上の高齢者かもしれない。

そういう相手によって私は話す内容もスタイルも変えるわけですが、「その人たちにとって大切なこと、ニーズは何か」ということを、くみ取って話すということが大切です。相手が今、求めていることは何なのかを察知する。この場合、自分が伝えたいことは、とりあえず後回しにしてもいい。いわば優先度のリストでは下のほうに来る。こうしたなかで、最優先のものごとをセレクトできるというのが、本質をつかむ能力ということになると思います。

優先順位をつける練習をする

そうであるならば、本質をつかむ力を鍛えるのは、それほど難しくはありません。

今、求められていることは何なのか。それを優先順位の高いものから箇条書きにしてみる。これをどんな場面でもやることを、習慣にする。

たとえば何か本を一冊、今から一〇分間で読んでみる。どの章が一番重要か？　そのなかでも大切な見開き三カ所に付箋を貼ってみる、というような課題に挑戦する。選んだ場所がよければ、その本の本質を素早くつかめたということになる。

学生さんに一冊の新書をもってきてもらい、二人一組になり新書を交換してもらいます。そして、「五分で内容をつかんでください」と指示します。すると、とにかく本の冒頭から読むという人がいるものです。いくら時間が限られていることを強調しても、それを変えようとしないから、第1章の途中まで読んだだけで終わってしまう。

でも、著者が一番書きたかった内容がたとえば第4章に書かれていて、第1章はこれまでの通説のおさらいにすぎない、ということは珍しくありません。このような場合、短い時間で読むなら、まず第4章を読むべきなのですが、その優先順位を間違えると、せっかくのエネルギーが無駄になってしまいます。

あるいは、論文を書こうとしているとしましょう。

題材には『源氏物語』を選んだものの、まだテーマは決まっていません。『源氏物語』の本質って何だろう？というような漠然とした問いをもっているだけだと、読みながら眠ってしまうかもしれません。論文のテーマは何にしようか？　とぼんやり考えながら『源氏物語』を読むというのは、すごく贅沢な時間かもしれませんが、もし〆切りが近づいてきているのだとしたら、まったくお勧めできない、非効率的なやり方です。読んで、調べて、それから書く。そういうふうに分けて考えると、どれも膨大な作業になってしまうでしょう。

もしテーマが「『源氏物語』における色の描かれ方」というふうに、ざっくりと決まっているなら、どれだけ『源氏物語』が長いといっても、それを読み通しながら論文の材料を見つけていくのは決して難しくないでしょう。色について書かれているところを探し、そのなかで自分なりの優先順位をつけて…というように、やるべきことがはっきりしてきます。

論文を書くのにも、「あと三年ありますよ」と言われれば、たくさん資料を調べる余裕も生まれるでしょう。けれども、その分だけ目的を絞って優先順位を立てたり、継続的に力を出し続けたりすることが難しくなってしまう。

逆に一カ月とか二週間と言われたとき、初めてスケジュールを逆算していかなければと優先順位が考えられるようになる。目的を定めて期間を区切る。そして、それに合った優先順位を考えるというのは、頭を鍛える上で欠かすことのできない要素だと思います。

デカルトに学ぶ箇条書きの方法

ものごとの本質をつかむということは、つまるところ状況を要約することだと思います。それが本であれば、本の内容を短い文章で要約する。あるいは、今ここで起こっている出来事であるならば、その場の状況を要約できればいいということです。

たとえば職場で、同僚の○○さんが焦っていますとか、部長が激高していますとか説明する場合を考えてみてください。そして、その人が不満に思っているのはこういう内容です、と分かりやすくまとめて報告できるでしょうか？　そんなとき、事の経緯を最初から順番に詳細かつ丁寧に説明してしまう人というのは、どこにでもいるものです。

私もよく授業で「一五秒要約方式」とか「一五秒アウトプット方式」などと称して大学生にやらせています。世を騒がせている事件であれ、友達のあいだで起きたトラブルであれ、一五秒くらいで内容を要約させてみると、その人が本質をつかんでいるかどうかが分かるものです。

モタモタした説明を許されていると、この力はいつまでたっても伸びない。本当は、一五秒でも長いのかもしれません。「三秒で言え」が口癖の怖い映画監督がいたら、きっとスタッフは大変でしょう。でも、すごく鍛えられるはずです。そういう意味で、やはりスピードというものは、実は本質をつかむ能力と非常に深い関係があると思います。

今の状況をどう見極めているのか。そして、自分にとっての優先順位は何なのか。それを1、2、3…というふうに書く練習をすると、すごく頭が活性化される。この箇条書きというやり方は非常にシンプルに見えますが、すごく有効です。

ルネ・デカルト
1596 - 1650
フランス生まれの哲学者、数学者。合理主義哲学の祖であり、近世哲学の祖としても知られる。

哲学者のルネ・デカルトも『方法序説』のなかで、独自のルールをつくって箇条書きの大切さ、そして優先順位のつけ方を説いています。この本は、真理を探求するためには、何をどう考えればよいのか、その「方法」を解説したものといえるでしょう。

面白いのは、問題をよりよく解くためにデカルトがまず「必要なだけの小部分に分ける」ことを推奨している点です。本のタイトルのような、大きな問題設定ひとつにしてしまうと、その後が続かない。問題を小分けにするということが大切です。次に、いよいよ優先順位をつけていくわけですが、このときも「最も単純で最も認識しやすいものから始める」のがデカルト流です。

こういう作業を頭のなかだけでやろうとすると、どうしてもうまくできない。やはり、紙とペンのような筆記具が必要です。

自分が状況をどう捉えているのか。そこに、どういう優先順位をつけていくのか。目で見える形にしながら、いつも考える習慣をつけると効果的です。

私は三色ボールペンで印をつけながら本を読むということを提唱しています。赤がすごく大事、青がまあ大事、緑が面白いと使い分ける。これは、自分がその本の内容に関わり、自分なりの優先順位をつけていくことで、知識を体得することを目指したものです。

知識とは身体に染み込んでいくもの

本であれ、インターネットであれ、世の中には大量の情報があふれています。

私たちは日々、そうした情報のほとんどを捨て、そのなかからごく一部だけを選びながら暮らしているのです。今はＡＩがそうした情報の氾濫と向き合おうとしている。その作業はある意味で、ほとんどの情報を無視することに他なりません。

つまり、ＡＩであれ人間の脳であれ、いらない情報を「捨てる」ことに大きな力を費やさざるを得ない。

情報と知識はまったく別のものであり、知識というのはそれ自体、脳のクリエイティブな作業によって生まれる。そして、情報のなかから知識というものを「創造」するという点で、ＡＩも脳と同じことをやろうとしているのです。

やがてＡＩがこの知識というものを扱えるようになるのかどうか、まだ私には分かりません。しかし、人間はさまざまな技法を工夫しながら情報の海から知識をすくい取ってきました。私の考えた三色ボールペンを使う方法も、そのひとつといえるでしょう。

よく、「昔は知っていたんだけれど、忘れてしまったなあ」と思うことがあります。けれども、こういうのは知識として体得されていない情報にすぎないと思ったほうがいい。知識というのは、やがて身体に染み込んでしまうようなもので、何かの折にそれがつい出てしまうというものです。

かつてグーグルでＣＩＯ（最高情報責任者）として活躍したダグラス・Ｃ・メリルが書いた『グーグル時代の情報整理術』という本も、まさにこうしたテーマを扱った本です。

日々、膨大な量の情報が押し寄せてくるからこそ、情報のえり分けがゴミを取り除く最初の一歩となる。その際、すべての情報には目的があるということを忘れるべきではない、と著者は指摘しています。つまり、目的意識をもって情報に注意深く接することで、情報の整理はぐっと楽になるというのです。

そして、この本でも自らのさまざまな意志決定のプロセスと結果をシミュレーションしたり、検討中の行動の利点と欠点をリストにしたり、といった「行動」の大切さが強調されています。

目的をはっきりさせ、箇条書きのリストをつくり、優先順位をつける。大量の情報を扱わなければならない現代には、絶対に欠かせないものです。

システムや流れを変える力

目的や優先順位というものをもう少し感覚的に捉えると、それはよく日本語で「流れ」と呼ばれるものと似ていることに気づきます。

そして、どんな分野であれ「流れ」を重視した思考ができる人は、システム全体を見て変えることのできる本質的な頭の良さをもった人です。

このシステムが何か問題を抱え、流れが滞っているとき、システム自体を変えられる人というのは、本当に頭が強い人だと思います。

たとえば工場のなかで誰もが最も苦労していた工程をある人が見て、「じゃあ、順番をこう変えてみたら?」といった提案をひとつしただけで、驚くほどに流れがスムーズになる。こういう工夫は、あたかも天才的なひらめきのように見えるかもしれませんが、やはり普段から合理的に考え、優先順位のようなものを入れ替えながら思考することで培われた能力でしょう。

ＡＢＣＤＥの順序だと思っていたけれど、Ｅを先にもってくれば変わるのではないかといったことを常に頭のなかでシミュレーションできる。会社で行われる会議などでも、もともと「報告→審議」という順番でやっていたけれども、それを逆にして「審議→報告」の順番にしてみたら、すごく効率がよくなったといった話はよく聞きます。

優先順位を決められない人というのは、どうしても枝葉末節にこだわって無駄な作業をしてしまう。そして、本質的とはいえない細かい作業に気を取られているうちに、いつの間にか時間がなくなってしまう、ということが少なくありません。

優先順位をつけてその上位から仕事を始める人には、たとえ最後に時間が足りなくなっても、無駄な作業で終わってしまったということがありません。

社会性がなければ頭は良くならない

一冊の本のなかに重要な箇所を複数見つけ、それを関係づける。これを文章にしたものが本の要約です。本の要約というのは、まさに大量の情報をセレクトすることに他ならない。そして、ある種の知識として内容をまとめていく。

大学などでは、「この本を一日で読んで内容を要約してください」というような課題を日常的に出すことも珍しくありません。文脈を理解し、大事なポイントを要約して他人が読んでも分かるように配列していく。これは伝統的な学力そのものと言ってよいでしょう。ただ、こうした作業はむしろAIが得意とするところでもあり、今後は単なる要約を超えた何かがなければ、もちろん課題としては成り立ちません。

たとえば本の要約をしながら、そこに書かれた情報を、自分の経験と関連づける。私は大学生に『論語』を読んでもらい、気に入った十篇について対応する自分のエピソード十個をそえながら発表するという課題をやってもらったことがあります。自分の経験にひきつけることで、約二五〇〇年前の言葉が血肉となり、本当の意味で知識となる。それができるのであれば、ツールとしてChatGPTのような生成AIを使うことも、タブーにすべきではないと私は考えます。

あるいは、新聞記事の要約でもいいでしょう。日曜日の夜に自分が切り抜いた記事をノートの左側に貼って、右側に要約とコメントを書いていく。これを、四人一組になって翌朝、プレゼンテーションする。それを毎週やっているだけで、格段に頭がはっきりしてくるものです。漠然と新聞を読みなさいといっても、頭の外側をなんとなく通り過ぎるだけですが、こうした課題をやってもらうとまったく違う読み方ができるようになってきます。

面白いのは、こういう課題をやらせると高校生や大学生がまず、「新聞ってこんなにいいものだったのか」と感動することです。それはおそらく、新聞がもっている「社会性」というものに初めて触れたからでしょう。

他人は何を考えているのか。人はグループとして、全体としてどんな動きをしているのか。これが社会性であり、まさに新聞が映し出しているものです。

「頭の良さ」という尺度は個人的な閉じられたものと捉えられがちですが、実際は違うと思います。頭の良さというのは、この「社会性」が基盤となって初めて発達できる能力であって、他者やコミュニティとの交流をもつことなく、ただ個人の頭が良くなっていく、などということはあり得ないのです。

新聞はただニュースを正確に伝えるためのものではありません。家庭面とかローカル面なども含め、社会のいろんな面をさまざまな側面から捉えたものです。これを要約しながら自分の経験と結びつけるという作業を繰り返していくと、たとえば仮想通貨のニュースへの興味が多面的なものになっていく。

単に値上がりして儲けた人がいるとか、損をした人がいるというようなことだけでなく、日本銀行の発行するお金はなぜ自分にとってスペシャルに感じられるのか、といったことも考えざるを得なくなる。

時間を短く区切って優先順位をつける。誰に向け、そして、どうアウトプットするのかという目的意識をもつことが、本質をつかむ力につながります。

それは本や新聞記事を要約するときも同じです。誰がその要約を読むのか、それを使って何をするのか、自分の経験とどの部分でつながっているのか。

そういった目的をしっかり設定しておくことが大切です。

第2章では生徒のために授業の「予告編」を映像でつくってみる、という課題を紹介しました。文学作品を、たとえば中学生に興味をもってもらえるような形で紹介する。あるいは、次回から扱う歴史の単元やテーマ、たとえば大航海時代の「予告編」を大河ドラマ風につくってみる。教えるべき内容をしっかり理解した上で、しかも見る人にとって面白い映像をつくるという非常にクリエイティブな作業になるでしょう。そして、こういう作品に仕上げるという目標があると、ただ勉強するよりもずっと楽しい。

アウトプットの手段は、文章や映像以外でもいい。日本史や世界史のさまざまな事件を替え歌にする、というのもやってみるとすごく楽しい課題です。誰もが口ずさめるような簡単なものであれば、メロディは何でもいい。ある程度の内容や歌詞が決まったところで、そのテーマや言葉に合った曲を探すのも楽しい。

勉強が先にあって何かを生み出すのではなく、替え歌という作品を生み出すために調べる。こういうクリエイティブな課題をたとえば高校生にやらせると、意外と夢中になって調べ物を始めたりするものです。

そして、できた作品もすごく面白いことが多いし、非常に本質をつかんでいるなと感じる。なぜかというと、本質が分かっていなければ替え歌のなかにちょっとした冗談や楽しい言葉遊びを入れることもできないからです。

形だけのアクティブラーニングにならないように

ＡＩやロボットといったものが当たり前になる時代を目の前に迎え、教育のあり方も変わろうとしています。

新しい時代を切り拓くアイディアを出せるクリエイティブな人材を育てるにはどうしたらよいのか、といったことが教育現場でも盛んに議論されているのです。そして、「主体的で対話的な深い学び」といったキャッチフレーズが唱えられています。

こうした目標自体には私も賛成だし、まさにそのとおりだと思います。けれども、学校教育のなかでそれを実際に行っていくことは、それほど簡単ではありません。

理想を実現するための方法として、アクティブラーニングを取り入れる学校も増えています。先生から話を聞いて教えてもらう、という従来の「受け身」の授業ではなく、学生たちが自分たちの力で能動的に学ぶ。それによって、単に知識を得るだけではなく、総合的で汎用性の高い問題解決の力を培うといったアクティブラーニングは確かに重要でしょう。

アクティブラーニングを教える立場にある私自身がいつも感じているのは、本当の意味で生産的で能動的（アクティブ）な授業を行うには大変な困難が伴うという現実です。

その場でなんとなく問題設定をし、みんなで話し合いをして解決したような気になる。一時間その場でおしゃべりをしても、何の意味もない話し合いになってしまうというのは決して珍しいことではありません。

話し合ったり、発表したりしていればアクティブラーニングだと思ってしまうと、本当の意味で能動的なことは何も行われていない、非常に浅薄な授業になってしまう可能性が高いのです。

企画倒れに終わってしまう人とは？

主体的であることの大切さは、私も身にしみて感じています。たとえば、さまざまな仕事をしているなかで、時々「これは企画倒れかな？」と思うような案件を提示する相手と出会うことがあります。真面目で頭も良いし、決して悪い人ではないのだけれど、何かを実現させるための実行力というか、ものごとを進めるための主体性が足りていないように思えてしまうことがある。

進んで問題を見つけ、自分の力で解決法を探っていく。たとえば、大学における研究というのは、そうした主体性が最も必要とされる職種でしょう。AＩの導入が進んで労働というものに対する考え方や価値観が変わっていけば、主体性はますます重要なものになっていくでしょう。

たとえば職場や学校でいえば、時間と場所だけを与えられ、あとは寝転がっていてもいい。自由研究のように、とにかく何か成果を出しなさい、とだけ言われるかもしれない。実際にそういうところで力を発揮する学生もいるのですが、もともと主体性のない学生に、主体性のあり方を一から教えるのは非常に難しい。

同じように、対話的であるためにはディスカッションを学んでいけばよいのかもしれません。しかし、コミュニケーションを形式的に取り入れるだけだと、どうしても最初からそれが得意な人ばかりが目立ってしまう。だから、課題の与え方や話し合いや発表の方法についても、すごく工夫をしなければいけない。

それにくらべると、昔ながらの勉強というのは、仮にすごく受動的であっても、深い学びを得ることができるものです。

たとえば、一年をかけてひとつの授業でニュートンの考えを追っていく。たとえ何も発言せず、何も発表しなくても、そうした授業で学生が得るものは、浅薄なアクティブラーニングとは比べものにならない、深い経験になり得ると私は考えています。

「暗記中心の一般入試」vs「発想力重視の特別入試」

入学試験などでも新しい試みは導入されていますが、やはり暗記という努力の成果を測るものがいまだに多いと感じます。時代は知識の量よりも新しい発想やクリエイティビティを求めているのになぜ、いまだにそこを抜け出せないのかと思う読者もいるでしょう。

たとえば、一回のひらめきで解けるような、人並みはずれた工夫を要求されるような問題が出題されれば、「地頭の良い人」を合格させることになる。しかし、いくら暗記をしたりして勉強を努力しても、解決できないような問題ばかりが出るのですから、受験生もどう努力していいのか分からなくなってしまう可能性が高い。

伝統的なテストの妥当性というのは、努力を測るという部分にあったと思います。そして、努力をした人が評価される社会のほうが一般的に安定する。かつての中国や韓国のような儒教社会において科挙がそうであったように、テストが記憶力だけを問うようなものであったとしても、そこには一定の存在意義があったのです。

実はそれだけではありません。ある大学にふたつのタイプの入学試験があり、学生の能力を詳細に調べてみたところ、担当者も驚くような結果が出たという話を聞いたことがあります。従来の暗記中心の入学試験で入ってきた学生と、個性や発想力を重視した新しい入学試験で入ってきた学生。平均を比べてみると、いわゆる学力だけでなく、クリエイティビティ（創造力）についても前者が優れているようだというのです。

これは、逆説的な話にも聞こえますが、クリエイティブな能力というものの本質を考える上では、とても重要なポイントだと思います。

年号の暗記といったクリエイティブな要素のまったく感じられない作業ではあっても、何かを読み、その要点をすくい取り、知識として記憶してきた学生たち。彼らは頭脳を使う上での「基礎体力」をしっかりともっていたということに他なりません。

多少は理不尽なことがあったとしても部活で猛練習してきた人が、なんとなくサークルで運動してきたという人とまともに戦ったら、どっちが強いかという話にも似ています。

内容はともかくとして、受験勉強というものを通して頭というものを使い慣れ、集中力も鍛えてきた人は、クリエイティブな課題をいきなり出されても、しっかり対応できる。

だから、日本でこれまで培われてきた、記憶の確かさや生真面目さが報われるという考え方を捨ててしまい、クリエイティブでイノベーティブな人材を育てる、という方向に極端に針が振れすぎてしまうと、その都度、ただ遊んでいるような授業ばかりになってしまうのではないかと私も心配しているところなのです。

クリエイティブである頭の「基礎体力」とは？

基礎的な学力というものを軽視して、ただクリエイティブな力だけを伸ばそうという考えには、どうも無理があると思えます。ろくに走れないのにサッカーをやるとか、下半身を鍛えずにテニスでボールを打とうとするようなものです。逆に基礎体力さえあれば、どんなスポーツであれ、対応できる。

基礎体力に加えて対応力。対応力というと曖昧ですが、根幹にあるのは理解力です。そして、その基本はこれまで言語情報でした。現代では言語情報のほかに、ヴィジュアル的なイメージもすごく重要になってきたと思います。

そして、自分のなかにある考えやイメージを形にするための表現力。こういう基礎体力を鍛えることなしに、いきなり世界を変えるようなアイディアを生む発明家だとか、誰も見たことのない芸術作品を生み出すアーティストを育てようとするような教育がうまくいくとは、とても思えません。

なるほど学校の外に出ると、社会ではやたらに「工夫してみろ」と言われる。これは、先ほど述べたように、学生たちが学校で求められなかった能力です。「売れる商品をつくってみろ」「この売れない商品を売るための工夫をしろ」「生産コストをカットするためにアイディアを出せ」

これまで努力をすれば何とかなっていたものが、これは勝手が違うぞと感じる。努力しただけでは、たしかにアイディアは生まれません。けれども、この工夫をする力は、基礎的な学力さえあれば、実は非常に短期間で鍛えられて向上していくものなのだというのを、私は大学生や会社員の人を教えながらいつも感じています。

大量の情報を選別しながらゴミを捨て、情報から知識をつくり出すのが知能である。そして、人間にとっては、情報が自分の経験と結びつくことこそが大切であると指摘しました。こうした知識を使いながら、人間はさまざまな問題を解決していきます。

だから、人間は知識なしで問題を解くことはできません。もちろん、さまざまな知識を一足飛びに越えて、まるで神様からの贈り物のように新たなアイディアを思いつくというような例もゼロではないでしょう。でもほとんどの場合、ひとつのアイディアが生まれる背景には必ず膨大な量の知識の集積や情報のやりとりがある。

問題を解決できないというとき、実はまだ問題をしっかりと言葉にできていないということがあります。

逆に正確な言葉を使って問題を説明できれば、ほとんどの問題はもう解決できたといってもいい。不安定な状況があったとしても、それを言葉にすれば問題は解決に向かう。この「言葉にする」ということこそ、頭の強い人が常にやっていることだと私は思います。

どんな状況であっても、パニックにならずに言葉を駆使して判断し、問題のポイントを明らかにすることが大事です。

問題発見、問題設定が現実を変えます。

言葉になる前のイメージを大切にする

情報から知識へ、そして知識からアイディアへ。私は、頭のなかにあるイメージを言葉と結びつけていく力が、これからますます大切になっていくと思います。

たとえば「新しいイベントの企画を考えてみろ」と言われたときに何を考えるか？ 会場の大きさはこのくらいで、客層や告知の仕方はこんな感じ、これをやればきっとお客さんは喜ぶだろうなあ、という一連のアイディアはすべてつながっていて、ひとつのイメージになっていると思います。

それを言語化すれば立派な企画書になるのでしょうが、最初はなかなかうまくいかない、なんとなくこう、という感触やフィーリングが大切です。音楽でも、たとえばバンドのメンバーが「あ、これだよね」というイメージを共有するところから、新しいものをつくっていく。

ビル・ゲイツやスティーブ・ジョブズのような新しいＩＴ文化をつくった人たちのなかにあったのも、具体的な仕様書や克服すべき問題の箇条書きといったものよりも、漠然としたイメージに近いものだったと思います。『ドラえもん』のひみつ道具みたいな、「こんなもの、あったらいいな」というものを絵に描いてみる。

これを言葉にできてしまえば、企画や商品はもう出来上がったも同然です。たとえばiPhoneやiPadといった商品が世に出るはるか前からスティーブ・ジョブズが思い描いていたのは、ひとつの画面であらゆることができて、すべての場所とつながっているという、そんな夢の道具だったのかもしれない。このイマジネーション、想像力というのが非常に大切なのです。

ビル・ゲイツ
1955 -
実業家、慈善活動家。マイクロソフトの共同創業者。高度なAI開発を休止することを呼びかける公開書簡に対して、「課題の解決になるとは思わない」と語った。

デザイナーの仕事で大切なのは、顧客のリクエストを聞き取る能力であると佐藤可士和さんは言います。佐藤さんと対談したとき、自分は一度それをやり損ねて使いものにならないプランを出してしまったことがあると悔しそうに話してくれたのが、とても印象的でした。それ以来クライアントの話をよくよく聞くようにしているそうです。

デザイナーにとっても重要なのは読解力です。より自由なイメージを形にし、想像力をはばたかせるのが大切なのは言うまでもありません。しかしそこにあるのは、白いキャンバスに絵を描くような完全な自由ではないし、制約のない無限の可能性でもありません。予算を始め、相手のニーズや要求といった枠を正確に理解した上で発揮する想像力。デザインに限らず、ほとんどすべての仕事に必要とされるのは、そういうものでしょう。

浦沢直樹に学ぶ想像力の磨き方

絵本の読み聞かせというのは、総合的な人間性を育てる上で最も優れた方法のひとつだと私は思っています。絵と言葉を通してイマジネーションが育ち、物語を通して人間の情緒や感情が育つ。それはいわば、心の柔らかさとでもいえるものでしょう。

私たちはたとえば、子どもの頃に親に読んでもらった絵本『スイミー』（レオ・レオニ作）を通して、海や魚群というものを想像したりします。実際の映像ではなく、『スイミー』で海の絵を見るだけでも、「ああ、海だなあ」という感じがする。それが、人間の想像力の面白さでしょう。

一枚の絵を見て、「あ、冷たいだろうな」とか「広いだろうな」とか「暗いだろうな」というのを、いわば体感しながらイメージしている。

そういう意味で想像力というのは、一種のヴァーチャル・リアリティなのだと思います。機械の力に頼らない、自力で浸るヴァーチャル・リアリティ。アニメーションのようなものに比べたとき、絵本のよさというのは、絵と絵のあいだに足りない部分があることです。それを想像力で補う。

もちろん、絵がなくて言葉だけであったとしても、想像することはできる。絵がなく、言葉だけで五感のイマジネーションを膨らませるというのは、大人でもなかなか難しい。いわば上級者が獲得できる能力です。

映画やアニメーションは、見ている側が何もしなくても展開していきますから、そういう意味では絵本や本とはちがい頭を使わず受動的に楽しめます。とりわけ最近の映画やドラマは説明的になっていて、その傾向は顕著になってきています。複雑な映画などを見ていると、複雑な場面転換や構成をもつ作品もあって、何のことやらと思って油断していると、話の筋から投げ出されてしまうという作品も珍しくありません。『ユージュアル・サスペクツ』のように、二度見てやっとあの場面の意味が分かった、みたいな「頭を使わなければ理解できない映画」もあるでしょう。

なかには、ごく普通の映画やドラマであっても、意識的に場面と場面のつながり方を分析し、人間関係を推測し、さらに先の筋書きまで予測するというような、頭を使う、疲れる見方を日常的に実践している人もいます。

漫画家の浦沢直樹さんが仕事場でアシスタントと映画の話をしていて、御自分が途中までしか見られなかった作品の続きについて「もしかしたらあの後、こうなって、こうなったんじゃない？」と自分なりの筋書きを話されることがあるそうです。ところが驚いたことに、それを聞いたアシスタントはこんなふうに答えたそうです。

「先生、それは実際の映画とは展開が違いますけど、先生のヴァージョンのほうが面白いですね」

途中まで見ただけで、人間関係や設定をすべて理解する。その上さらに続きにふさわしい展開を考えてしまう…。これはちょっと真似のできない頭の強さだと驚きました。

私たちはドラマを見ながら、たとえば俳優が見せる一瞬の表情から、あるいはバックでかかる音楽を聴きながら、この人は悪いことをしそうだとか、何か不吉なことが迫っているなどと予測します。もし、その細部をすべて理解したければ、たとえば映像を何秒かごとにストップして「今の場面の意味は？」「なぜこの情景が映ったの？」「なぜ俳優は今この衣装を着ているの？」と問いかけながら、監督になった気分で見る必要があるでしょう。

人の心の揺れや動きを学ぼうと思ったら、映画やドラマほど素晴らしい素材はないかも

浦沢直樹
1960 -
漫画家。『YAWARA！』『MONSTER』『20世紀少年』などの大ヒット作があり、単行本の世界累計発行部数は1億4000万部を突破している。

しれません。

心の複雑さ、ユーモアの難しさ

人の心を学ぶ、と言葉では簡単に言えますが、それは簡単なことではありません。アニメーションや映画のなかだけでなく、私たちは現実の生活のなかでも、いつも他人の表情や言葉、何げない行動の意味を読み取ろうとしています。しかし、相手の心を読もうとすればするほど、いくつもの矛盾したメッセージに当惑させられた経験は誰にでもあるはずです。

ＡＩの研究でも知られるアメリカの科学者、マーヴィン・ミンスキーはその著書『心の社会』のなかで、心というものの独特な捉え方を提唱しています。

それは、「一つひとつは心をもたない小さなエージェントたちが集まってできた社会」というべきもので、このエージェントというのは、それぞれに違う役割をもったこびとのような小さな者たちであると考えられます。

たとえばあなたが紅茶を飲むというひとつの動作をするときにも、たくさんのエージェントが参加します。コップのもち手をつかむエージェント、バランスをとろうとするエージェント、コップを動かそうとするエージェント、熱さを測るエージェント、喉の渇きを知らせるエージェント…。ミンスキーによれば、一つひとつは心をもたないこびとのような者たちが共同で作業を行うなかで全体として心のようなものが生まれているというのです。

こうしたアプローチによってAIのなかにも、人の心と区別のできないような何かが本当に生まれるのか、それはまだ分かりません。けれども、心というものが複数の独立した

マーヴィン・ミンスキー
1927 - 2016
コンピュータ科学者、認知科学者。マサチューセッツ工科大学の人工知能研究所の創設者のひとり。「人工知能の父」とも呼ばれる。

エージェントが協力し合う社会のようなものだというミンスキーの考え方は、いろいろな意味で私たちに深い洞察を与えてくれます。

そして、この本のなかで私が特に面白いと感じたのは、ミンスキーのユーモアというものに対する考え方です。

おとなの心のなかでユーモアがどうはたらくかを問うことは、おとなの心のはたらきすべてを問うことにほかならない。というのは、ユーモアは、他の非常にたくさんのことに関係しているからである。

ユーモアは愛情や楽しさといったプラスの感情だけでなく、否定的なこと、たとえば不愉快で苦痛なこととも深く関係しています。時にそれは相手に対する悪意や不満といった切実な関心を反映しています。そして社会で禁じられていることに対する、消すことのできない興味が裏にあることも珍しくはないでしょう。

私自身は講演会などで笑いが起きるとうれしいし、よかったなあ、成功だったなあと感じます。人が明るい表情で笑う。これがユーモアのよさですけれども、多くの場合、ダークな側面があるということを忘れるわけにはいきません。

「文明化された時代」の笑い

弱いものを笑ったり、人の失敗を面白おかしくネタにしたり。今はそういうことをやりにくい時代です。これまで、大らかなユーモアとして一括りに許されていた行為や表現の多くが、今やセクハラやパワハラとして「検閲」を受ける対象となっている。かつては、同性愛者や認知症の方をネタにして笑いをとっていた時代もありました。まさに否定の要素をそのまま使った、単純な笑いのあり方でした。

文明化というのは、マナーがよくなるプロセスである。これは、ノルベルト・エリアスというドイツの社会学者が『文明化の過程』のなかで言っていることです。確かに私が教えている大学でも、学生たちがこの四半世紀ですごくマナーがよくなった。

「先生、鞄をおもちしましょう」などと言われて新宿へ連れていかれ、一晩飲み会につき合わされる。そういうメチャクチャな教え子たちが、今となっては懐かしいくらいです。今は他人との距離が遠くなって、誰もがおとなしくなってしまった時代です。誰かを笑わせるのは、ますます難しくなっています。

ユーモアというものの本質からして、否定的なものと人間味あふれる何かが結びついていなければ、なかなか笑いはとれないのだと思いますが、それを上手に現代的なコードにひっかからないようにスマートに言わなければならない。いわば、「上手に毒を吐く」ための方法をもっていなければならない。今のお笑い芸人さんは、本当に大変だと思います。

ユーモアに技術が必要であるといえば、そのとおりですが、実はそれだけでは足りません。

第3章でも述べましたが、マツコ・デラックスさんのすごさは、まずしっかり常識があって、ものごとの見晴らしがいいこと。いつも、この人は頭が強いなあと感じさせてくれる。

一方でマツコ・デラックスさんの笑いが成功しているのは、キャラクターの独自性によるところも大きいと思います。ステレオタイプな男性とも女性とも違う独特の立ち位置。そして、はっきりとモノは言うのだけれど実はすごく謙虚で、言い過ぎたなと傷つくような繊細さを持ち合わせている。

あるいは、ヒロシのような自虐ネタであれば誰も傷つける心配がない。「毒」は自分に向けられているからです。

でも、自虐ネタがいつも成功するとは限りません。この人が言うから笑える、という愛されるキャラクターがここでも重要なのです。あの人が笑いをとったのと同じことを、別の誰かが言っても面白くない。そういう難しさがユーモアにはあります。

冗談を言おうとしたところが、しくじってセクハラになってしまう。そういうケースは多い。本人はサービスのつもりで言ったのだけれど、言葉の選択を誤ったり、つい本音がまじってしまったりして、そこだけ切り取られると完全にアウトという発言をしてしまう。

マツコ・デラックス
1972 -
コラムニスト、タレント、司会者。有吉弘行とは『マツコ＆有吉 かりそめ天国』で共演している（2023年5月現在）。

常識があって自分で検閲できる人でなければ、冗談を言うべきではないというような時代になってきているのです。政治家のような立場にある人であれば、無理に笑いをとろうとするのはリスクばかりが高いから、やめておいたほうが無難です。

デール・カーネギーの『話し方入門』という本には、「笑いの神に愛されていない人は、無理しないほうがいい」というアドバイスが載っていて、それこそ身も蓋もない話ではありますが、これぞユーモアに関する最も有効なアドバイスなのかもしれません。自分のキャラクターに合ったジョークを言えて、うまく笑いのとれる「笑いの神に愛された人」以外は、ムリしないほうがいいのかもしれない。

しかし、こういう時代だからこそユーモアというものの重要性がますます高まっているともいえるでしょう。少なくとも、笑えるものを提供している人たちに対するリスペクトは必要だし、よくこんな難しい仕事をしているなあ、ここでこういうギャグを言えるなんて頭が強いなあ、という目でぜひテレビ番組を見てほしいと思います。

第5章

本を読む能力と「頭の強さ」の関係

読書は毎日のランニングやジム通いと同じ

ここまで私は「頭を強くするためには何をすればよいか？」という観点から、さまざまなトレーニングや教育法を紹介してきました。しかし、頭の強さをキープし、その基本となる「基礎体力」のようなものをつけるために、最も手軽で効果が高いのは、やはり本を読むことでしょう。

久しぶりに本を読むと、誰もが少し「めんどくさいなあ」と感じます。使っていなかった頭を動かす感覚。これがすごく大切なのだと思います。しばらく運動をしていなかった体をほぐして、徐々に慣らしていくのと同じです。読書が習慣になっている人にとって、それは毎日のランニングやジム通いのようなものです。けれども、いつも本を読んでいるわけではない人にとって、それはものすごく大きな負担です。

一カ月に一冊も本を読まない大学生の比率が五〇％を超えたという統計が発表されまし

た。これは、読書によって知性を磨く、というこれまでの「王道」がいよいよ廃れてしまったことを示しています。言い換えれば、みんな歩かなくなったねえとか、走らなくなったねえというのと同じです。

ＩＴからＡＩへという時代の流れを考えたとき、もしかしたら本や読書は、これから社会のなかで真っ先に見捨てられそうなもののひとつかもしれません。文庫本を毎日持ち歩き、駅やカフェで暇さえあれば広げて読んでいる。そういう人はすでに珍しくなっていきます。

もちろん本を読まなくても、大抵の知識はスマートフォンの検索機能を使って得ることができるし、読書よりも気楽な娯楽はいくらでもあるでしょう。でもそれは、もしかしたら最も重要な頭の使い方を放棄していることになるのかもしれない。そんな危惧を抱いてしまいます。

この章では、読書が私たち人間にとってどんな能力であり、どんな経験であるのか、どうやって頭を強くしてくれるのかを少し詳しく考えるところから始め、ＡＩ時代を豊かに楽しく生きるための知恵を導き出していければと思います。

頭の強さをなぞるという経験

第3章で私は明治維新後の政府で新たな司法システムを整備した江藤新平という人物について語りました。毛利敏彦さんという歴史学者が書いた『江藤新平――急進的改革者の悲劇』のような本を読んで、私は江藤新平という人物が当時、何を考えていたのかを知りました。そして、もしも自分があの時代に生きていたら、どうだっただろう?というところまでリアルに彼の生き方を感じて、その「頭の強さ」に感動したのです。

一方で私は、この本を書いた著者自身の江藤新平に対する思い入れ、迫力といったものにもダイレクトな影響を受けました。歴史学者として、ひとりの人物の生き方や思考に迫る著者の経験というものが、文章を通してそのまま伝わってくるのです。

クリスチャンでもなければ、私たちは普段イエス・キリストという人物の実在を感じることはないのが普通です。けれども『聖書』を一冊の本として読んだことのある人なら、それも変わってしまう。イエス・キリストという人物が歴史上いたということが仮に証明できないとしても、『聖書』を読んでいるあいだは、その存在があたかも自明のことに思えるのです。なぜかといえば、『聖書』に描かれるこの人物の行動や言葉のなかに不思議な統一感があって、どうしてもリアリティを感じずにはいられないからでしょう。

イエス・キリストだけではなく、その周囲にいる人の気持ちや考えも想像せずにはいられない。読書というのは、しばしば他人の存在、とりわけ心のあり方というものを身近に感じ、それがあたかも自分と一体化してしまうような強烈な体験となり得るのです。

本をとおして私たちは語り手（著者）を始め、さまざまな登場人物に出会います。ストーリーの入り組んだ難解な小説や複雑な内容をもった著作であれば、それらの放つ熱量は計り知れないものとなります。

本というのは、読む人の感情にも大きな影響を与えずにはいられません。

私たちは他人が何を考えているのかを想像することはできても、それを直接的に経験することはできません。他人の脳のなかを覗いてみることはできないのです。

ところが読書によって私たちは、著者と登場人物の両方から、精神の深いところに影響を受けることになる。歴史のなかの登場人物や著者がもっている「頭の強さ」「心の強さ」

を、あたかも自分のものとして経験するのです。それはまるで著者や登場人物の思考や感情の軌跡を、そのままなぞるようなものだといえるでしょう。

ドストエフスキーであれトルストイであれ、古典と呼ばれる文学作品を書いた人たちのもっている頭の強さには驚くべきものがあります。

私たちは、ただ物語を読んでその展開を楽しんでいるだけではありません。本を読んでいるあいだ、彼らがどんなふうに頭を使っているのかを経験し、あたかも彼らと「同じように考えている」のです。

一対一で行われるレッスンの重要性

テニスや卓球といったスポーツでは、よいコーチと打ち合うことで上達が早くなるといわれています。上手な人がどんなふうに体を動かしているのか。よいプレーを漠然と眺めているだけでなく、上手な人のリズムで「体感」する。それができれば、きっとよいプレーをするための近道になるでしょう。同じように、「頭の強さ」も本の著者から、それを読む人の頭へ、自然に「移ってくる」ものなのです。

イギリスのオックスフォード大学では、一流の学者による個人レッスン（チュートリアル制度）が広く行われています。『なぜオックスフォードが世界一の大学なのか』（コリン・ジョイス著）という本を読むと、理想的な教育のあり方というのは、一対一で行われるものなのだと感じます。

チュートリアルという制度は、オックスフォードに〝ほぼ特有〟のものだ（ケンブリッジにもある）。学生はその科目の専門家であるチューターと、一対一で一時間過ごす。学生が自分の小論文を読み上げ、続いて討論に入る。最後にチューターが次の課題を選び、長大な課題図書リストを渡し、小論文の課題を設定して、一週間後の再会を約する。

一週間に一時間という短い時間ながら、これが大きな力を発揮すると著者は強調しています。なぜそれが重要かといえば、やはり「自分ひとりに対して」行われるものだからでしょう。一流の学者とふたりきりで過ごす一時間がどれほど濃密なものか、それを経験したことのない人にとっては羨ましい話に違いありません。

とはいえ、私たちは読書をとおして、ほとんどこれと同じ経験をしているのだと考えることもできます。

たとえば、世阿弥の『風姿花伝』には父、観阿弥の教えが書き残されています。死の直前、観阿弥が浅間神社で舞った姿について世阿弥は、「能は、枝葉も少なく、老木になるまで、花は散らで残りしなり」と言います。つまり、老いて動きも少なくなり、枝や葉もほとんどなくなってしまった、それでも残っている花こそが芸術の完成であるといった意味でしょう。「老木の花」です。これは舞う姿での教えですが、『風姿花伝』全体が一子相伝的な伝承です。

こうした芸の神髄を伝えるディープな教えは、もともと一対一で誰かに向けて語られたものでしょう。そして、当時なら門外不出の秘密であったに違いありません。

私たちは今それを当たり前のように一冊の本として読むことができる。それは時に、私たちにとってかけがえのない唯一の師との出会いになる。人から人へ伝えられる知識。古典の価値というものは、まさにそういうところにあります。

本を読む能力は新しく発明されたテクノロジー

文字で文章を書き、それを他の誰かが読む。こうした能力は人間がもともともっていたものではありません。アルファベットや漢字のような文字だけでなく、それを書物にまとめて共有するためのさまざまな技術の進展や工夫があって初めて成し遂げられた、人類史上に残る大発明といってよいでしょう。

メアリアン・ウルフ『プルーストとイカ——読書は脳をどのように変えるのか?』によれば、人間が今とおなじような意味で読書という能力を獲得したのは古代ギリシア時代にまでさかのぼるといいます。

人類が文字を読むことを発明したのは、たかだか数千年前なのである。ところが、この発明によって、私たちの脳の構造そのものが組み直されて、考え方に広がりが

生まれ、それが人類の知能の進化を一変させた。（中略）私たちの祖先が読み方を発明できた理由はただひとつ、人類の脳が、既存の脳内の構造物間に新しい接続を生み出すという、驚くべき能力を備えているからだ。

読書は人類が生み出した、最も知的な文化だと私も思います。そしてメアリアン・ウルフが指摘するとおり、それは柔軟な人間の脳だからこそ可能であった発明です。

第2章で私はＡＩが今、何を学んでいるのかを論じながら、「脳が、脳自身を配線し直す」ことに似た「自己組織化」が重要だと述べました。読書は、私たちが生まれながらにもっている能力ではありません。人間の知能を飛躍的に進化させる契機となった、まったく新しいテクノロジーだったのです。

私たちをつくり上げているのは、私たちが読んだもの

人間の内面や思考というものは、直接的に見ることのできないものです。誰かが話していることを聞いていても、その人も心のなかでは別のことを考えているかもしれない。ところが読書によって、他者の心の読解がある程度は可能になる。他人の考えをたどったり、心の動きを伝えたりすることが可能になります。

私たちは普段、当たり前のように言葉を使って思考していますが、その言葉はどこからやって来るのでしょうか？　もちろん人間はそれを両親やコミュニティから学びます。そして、日常生活で交わされる会話のなかで新しい言葉を拾うこともあるでしょう。けれども、その多くが、実は読んだ本や雑誌からやって来るのです。

家族や友人とのコミュニケーションで使われる日常の語彙《ごい》というのは大切なものですが、比較的シンプルなものだけで用が足りてしまうものです。けれども読書をすることで語彙

ジョゼフ・エプスタイン
1937 -
編集者、エッセイスト。著書に『嫉妬の力で世界は動く』などがある。

も圧倒的に増え、複雑な論理や細かいニュアンスを含んだ表現が可能になる。

私たちは頭のなかで、この読書によって学んだ言葉を使いながら、思考しているのです。『プルーストとイカ』の著者にならって作家ジョゼフ・エプスタインの言葉を引用するならば、「私たちを作り上げているのは、私たちが読んだものなのだから」ということになります。

卓上にいつも五、六冊の書物を置いていたという読書家である江藤新平もまた、このことをよく知っていました。

忙しい日々を送りながら、面会を求める若い書生たちを拒むことのなかったという江藤がいつも必ず質問したのは、「貴公は本を読むか」ということでした。読むと答える相手には「どういう種類を読むか」と反問し、その答えにしたがって人物を察して登用したといいます。

読書によって私たちが得られるのは、情報や知識ばかりではありません。読書によって、私たちは思考することそれ自体を学びます。読書を通して、他者の心の世界をたどるという経験をもつことで、私たちは精妙な文化をつくり上げてきたのです。

ひとりの作家にハマるという体験

かつて私も若い頃に太宰治に共感して、全集をすべて読むという体験をしました。とにかくひとりの作家にハマってひたすら読み続けるというのは、好きになれば意外に大変なことではありません。ある種の世界観、いわば太宰ワールドを楽しめるようになれば、芋づる式にどんどん読めてしまう。

それは、すごく好きなミュージシャンのアルバムを全部聴きたくなるのと同じようなものかもしれません。ある世代には、その人からビートルズをとったら何も残らないのではないか、と心配されるほどのビートルズ好きというのが結構いたものです。こういう人は、自分にどんな才能があるか、といったことにはこだわらない。いわば、ビートルズという他者、ビートルズの世界観を自分のなかに受け入れていく。他人から見れば、おかしいのではないかと思うかもしれませんが、本人にとってはそうでもありません。

同じように、太宰ワールド（沼）にどっぷりハマった読者というのは、自分がひとりではなくて、太宰治という人とともに生きているような感覚をもつことになります。

宗教でいえば、これは仏教やキリスト教に帰依することに近い体験といえるでしょう。仏陀の言っていることがすべて、イエスの言葉がすべてと感じられるような、自分が何かとてつもなく大きなものに圧倒されるような、強烈な体験です。

そういう経験が何を生むかといえば、「人格の安定」です。

不安定の極みを描いたような『人間失格』ですら、語り手である大庭葉蔵の人格は首尾一貫したものであり、読者は彼が自分のなかに住まうような、本の世界とじっくり対話するような不思議な経験をします。

心のなかにゆっくりと植物を育てるような「スローラーニング（遅い学び）」が、私という人格の安定につながるのだと思います。

ひとりからふたりへ。つながっていくのが教養

そして音楽にしても読書にしても、そういう圧倒的な「ハマる」経験は、次の世界へと必ずつながっていくものです。今度は太宰治と同時代の別の作家にハマったり、太宰から影響を受けた作家の本を読んだりする。

音楽でも同じです。最初はギドン・クレーメル（ラトビア出身のクラシック音楽家）とともに生きるというくらい、彼のバイオリンばかり聴いていた人が、やがてアルゼンチンのアストル・ピアソラのタンゴにハマり、いつの間にかピアソラと共演していたイタリアの歌手ミルバのＣＤに手を出していた、なんてことは珍しくありません。

ひとりからふたりへ。ひとつの世界から複数の世界へ。こうして森のように感動した知識が広がっていくことで、私たちの心は豊かになっていきます。仮に太宰治の言っている

ことに疑問をもって、自分のなかにある太宰ワールドが枯れてしまったとしても、別の木や森があるから大丈夫。この人とつながっている。あの文化とつながっている。それをたくさんもつことが、教養なのだと思います。

教養というのは、知識が豊富であるとか、頭が良いとかいう話を超えて、自分の世界に広がりがある、自分が豊かさ、幸福感に包まれているという状態なのだと思います。

教養があって自分のなかに豊かな森をもつことができる人というのは、すごくバランスがいい。そういう人は、たとえば身近な他者、会社の同僚に嫌なことを言われたとしても大して響かない。なぜなら、その同僚は自分にとって重要人物ではないからです。教養のある人にとって、重要人物はいつも自分の内面にいる。

高浜虚子に「去年《こぞ》今年貫く棒の如きもの」という有名な句があります。時間は移り変わったとしても、自分のなかに一本通っている棒というイメージがすごい。アイデンティティという言葉について考えるとき、私はいつもこの句を思い出します。

アメリカの心理学者であるエリク・H・エリクソンによれば、アイデンティティというのは自分のなかにある一貫性でもありますが、同時に他者と本質的な部分を共有することでもあるといいます。自分が武士であるということは、他の人が武士であるということと切り離すことができません。一人で武士なのではありません。あるスポーツチームのファンであるということは、やはり他のファンとのつながりを意味する。

だから、読書に限らず何かにハマるという経験を通して、私たちは自分自身のアイデンティティを豊かにすることができます。自分の内面を深く掘り下げることでアイデンティティを探るのではなく、他者である太宰治とつながっていること、宮沢賢治とつながっていることで自分のなかを貫く棒のようなものが太くなっていくのです。

エリク・H・エリクソン
1902 - 94
発達心理学者、精神分析家。「アイデンティティ」の概念、心理社会的発達理論を提唱。米国で最も影響力のあった精神分析家のひとりとされる。

自分の血肉となった知識が「好奇心」を育てる

読書が大切なことはなんとなく分かっているけれども、読みたいという意欲、好奇心が湧かないという人も多い。確かにそのとおりでしょう。なぜかといえば、そもそも好奇心が強い人というのは、すでに知識がたくさんある人なのです。

たくさん知識があるから、もっと知りたくなる。たとえば、『君主論』を書いたニッコロ・マキャベリについて知ると、イタリアで同時代に力をもっていた一族であるメディチ家のことを知りたくなってしまう。

あるいはあなたが今、人間には共感というものがあって、それが経済を支えているのだ、といったテーマについて考えているとしましょう。そこで、次にアダム・スミスの『道徳感情論』という本を読みたいかどうか？　これも実はアダム・スミスが『諸国民の富』のなかで「神の見えざる手」という言葉を使って市場の役割を説いたことを知っているかによって、大きく違ってしまう。

こういう好奇心は、前提となる知識がなければ湧き上がってこないものです。読みたい本がない、というのは、いわば種がまだまかれていない状態。知的好奇心の種は、知るということのなかにあって、知っているから次を知りたい。だから、好奇心の量は指数関数的に増えるものであって、始めはゼロに近いのが普通なのです。

好奇心の種は、実は子どもの頃に親から教えられたちょっとしたヒントに始まっていたりするものです。たとえば、ムンクの有名な『叫び』という絵に子どもが何か感じたとしましょう。そんなとき、同じ画家が描いた『思春期』という絵も見てみよう、とインターネットで調べて一緒に何かを感じたり驚いたりする経験をもてるかどうか？

重要なのは、やはり情報だけではありません。ムンクの絵について何を知っているかではなく、インターネットの画像を通して驚いたり、悲しくなったり、気持ち悪くなったりすることが大切です。

それが前章で述べたように、自らの体験を通して血肉となった知識に他ならないのです。

SNSばかりだと頭が弱くなってしまう!?

ここまでを簡単にまとめると、やはり読書は頭脳の「基礎体力」を鍛えることができる、最も身近な手段であるということになるでしょう。野菜を十分に摂らなければ健康になれない、毎日少しでも体を動かして運動しなければ健康になれない。それと同じレベルで一定時間の読書をしたほうがよい。これは、とても無理のない「頭の健康法」です。

たとえば、少しでも時間を見つけたら、カフェなどに入って本を読む。電車のなかでは文庫本を広げる。寝る前に時間を決めて読書をする。まずは、たくさん活字を読んでいれば頭の健康が維持される、というような単純な発想でいいと思います。

人びとが本を読まなくなったのは、お金がないから、といった理由ではないと思います。今はたとえばインターネット上には「青空文庫」というものがあって、夏目漱石から太宰治、泉鏡花まで、ほとんどタダで読めてしまう時代なのですから。

残念なことに、そんな素晴らしい力をもっているインターネットが、人々を読書から遠ざけているようです。頭の「基礎体力」をつくるトレーニングである読書の対極にあるのは、スマホでSNSをやることだと私は考えています。

これは、インターネット上で行う、友達とのおしゃべり。断片的な情報のやり取りをしながら、「いいね」と言い合っている。もちろん楽しいかもしれませんが、ほとんど頭は使わない。まったくといっていいほど、頭に負荷がかからない作業なのです。何万人ものフォロワーを獲得しようと必死にコンテンツを考えて工夫している人なら話は別ですが、一般的にぼんやりSNSをやっている人というのは、ほとんど頭を使っていない。

スマホを持ち歩くようになってから、読書ができなくなった。ありふれた経験ではありますが、たとえば『ネット・バカ――インターネットがわたしたちの脳にしていること』（ニコラス・G・カー著）という本のなかには、それがリアルに表現されています。これを読んで他人事《ひとごと》ではないと感じる人も多いのではないでしょうか。

一、二ページも読めばもう集中力が散漫になってくる。そわそわし、話の筋がわからなくなり、別のことをしようとしはじめる。ともすればさまよい出て行こうとす

る脳を、絶えずテクストへ引き戻しているような感じだ。かつては当たり前にできていた深い読みが、いまでは苦労をともなうものになっている。

この本の著者であるニコラス・G・カーは一日のほとんどの時間、インターネットとの接続を絶つことを決心します。それは苦痛そのものであり、「何カ月ものあいだ私のシナプスは、ネット状況を欲して吠え立てた」そうです。とはいえ、少しずつこの渇きは収まり、やがて長い読書が再びできるようになっていったというのです。

使われていなかった古い神経回路がよみがえり、ウェブが新たに配線した神経回路が活動をやめたかのようだった。全般的に気持ちが穏やかになり、自分の思考をよりよくコントロールできるようになってきた——レバーを押している実験室のラットではなく、そう、人間らしくなったのだ。脳が再び息を吹き返した。

新しい技術の恩恵と「副作用」

インターネットのような新しい便利な技術が登場したとき、そこには必ず副作用のようなものがあることは否定できません。

しかし、技術自体が悪いのではありません。同じ技術によって、私たちは遠い場所にいる人とも簡単につながり、これまでアクセスできなかった情報も手に入れることができるようになりました。多くの人が協力し合って事典をつくったり、価値のある古典をデジタル化して共有したりすることも可能になったのです。

もちろん、新しい技術を使った犯罪もあるでしょう。けれどもそれは、コンピュータやインターネットのせいではない。どんな道具であっても、悪く使う人はいるというだけの話です。運転免許をもっている人はよい使い方を覚えるべき、という話です。

ドローンが空中で事故を起こしたら、新しいルールをつくる。状況に応じて新しいルールをつくるというのは、人間の脳が得意とするところの柔軟性そのものでしょう。私たちは技術の進化に対して、恐れるべきではありません。

ChatGPTなど生成ＡＩをめぐっては、企業などから機密情報を収集している可能性や、不正なソフトウェア開発に利用される恐れがあり、信憑性は低いが本物と見分けのつかない大量の文書がばらまかれることで社会に混乱をもたらすという危険性も指摘されています。アイディアや創作物の盗用といった面から著作権の侵害についても問題視されています。

そしてすでに指摘したとおり、データや権限を一部の大手ＩＴ企業が独占することで、ますます格差が広がることになるのは間違いないでしょう。また、ＡＩが学習したビッグデータに偏りがあれば（もちろん、あるに決まっています）、さまざまな差別を助長してしまうリスクもあることでしょう。

さまざまな懸念から、二〇二三年三月にはすべての企業や研究機関に高度な人工知能（ＡＩ）の開発を一時停止するよう求める署名活動がアメリカで始まり、起業家のイーロン・マスクらが賛同していることが報じられました。ChatGPTを開発したOpenAIにイーロン・マスクが二〇一八年まで参加していたことには第１章で少し触れました。

もともと一部巨大ＩＴ企業だけが利益を得るような形で汎用人工知能（ＡＧＩ）が実現することへの深刻な危惧を抱いていた彼は今も、自らが経営するテスラを舞台に自動運転やヒト型ロボットの実現を目指して積極的なＡＩ開発を進めています。

また、彼は社会的リスクを考慮して対話型ＡＩ開発を時限的に停止するよう呼びかける一方で、独自に進めている対話型ＡＩの開発続行を表明し、「宇宙と自然を理解しようとするＡＩになる。安全への道のりはそれが一番の近道になるかもしれない」などと説明しています。

ここには誰がテクノロジー開発の主導権を握るのかといったビジネス上の駆け引きとともに、ＡＩ開発のあるべき姿とはどういうものなのか、倫理的な問題は何か、といった問

ジェフリー・ヒントン
1947 -
コンピューター科学・認知心理学の研究者。AI研究の第一人者とされる。2013年よりグーグルにてAI研究に携わっていたが、2023年5月に退社。

題がいくつも重なっているのです。

また五月に、ＡＩ研究の先駆者とされるジェフリー・ヒントンが、ＡＩの危険性をより自由に発信するためにグーグルを退社したと表明しました。

ＡＩの開発をストップするというような、人間の進歩を止めようとするような前代未聞の取り組みが成功するとは思えません。もちろん私たちは知恵を絞り、こうした危険を回避するための努力を続ける必要があります。だからといって、「ChatGPTは危ないから、人々に触らせないほうがいい」というような意見には賛成できないのです。

ＡＩに頼ると頭が弱くなるのか？

一方で、自分の代わりに必要な情報を探してきてくれる、自分の代わりにものを考えてくれる機械があったら、どうするか？

使い勝手がよければ、それは便利なものとなるでしょう。自分の代わりに歩いてくれる機械があったとして、それに頼り続けたら足が萎えてしまうかもしれない。確かにそのことは、頭に入れておかなければなりません。

ＡＩに頼るあまり自分の頭でものを考えなくなったら、頭は確実に弱くなるでしょう。知識も記憶もいつでも利用できるとなれば、何かを調べる意欲さえなくなり、知的好奇心などという役にも立たないものは忘れてしまうかもしれない。歩くのをやめて自動車に乗り続けていると、あるいは宇宙で暮らしていると足腰が弱ってしまうのではないかという心配と似ています。

でも、第1章で述べたようにChatGPTを使ってみた上での感想は、実をいうとかなり違うものでした。未完成の技術であることも大きな理由のひとつですが、生成ＡＩの本質は、私たちがこれまで想像していたＡＩと少し違うものだった。それも大事なポイントだと思います。

ChatGPTの精度がさらに上がり、今よりも間違いが減ったとしても、私たちがこのような対話型ＡＩを使いこなすには、やはり高い読解力が必要です。ちょっとした質問に対する答えでも、丁寧に読むだけでもそれなりに大変です。しかも、こちらの問いのレベルに合わせて答えが返ってくるので、質問の仕方もあれこれ工夫しなければなりません。問題解決の前提となる知識も必要となります。

ＡＩの能力を信じて答えも読まず、そのまま宿題として提出するだけというなら話は別ですが、質問と答えを吟味しながら、より高い次元での対話を目指していかなければ、本当に有効な使い方にはならないのです。

こういう対話型のＡＩを使って何かを学んだり、何かをつくったりしようとすれば、かなり能動的に頭を使わざるを得ない。さらに使い方を工夫すれば、それはテニスの壁打ちではなく、あたかもトッププレイヤーを相手にラリーを打ち合うくらいの知的な「真剣勝負」をＡＩ相手にできるかもしれない。

ＳＮＳの仲間うちでおしゃべりをしているような状態よりも、読書で使う頭の使い方に似ていると私は感じています。それは、より深い意味で「対話的」な脳の使い方に他なりません。

「精霊さん」のようなＡＩと対話する未来

私はＡＩを恐れるのではなく、むしろ便利なもの、楽しいものと定義づけるべきだと考えています。大切なのは人間の側から見ること。ＡＩをひとつの道具、外部環境のひとつとして考えることができれば、ＡＩによって心を壊されるようなことはないはずです。

自分の心は、世界をどう捉えるか。それが基本にあるべきです。もしかしたら、自分はひとりでいることが寂しいと感じているかもしれない。そんなとき、ＡＩが相手をしてくれたら、それは便利かもしれない。

年をとった夫婦のあいだの会話を考えてみると、余計にそのありがたみが分かると思います。「あれ、取ってちょうだい」「ほら、あのときのあの人」などと他人に言っても絶対に理解してくれませんが、もしかしたらＡＩならそれにも応えてくれるかもしれない。

ChatGPTと言葉を交わしていると、なんとなくそんな未来が想像できてしまう。言葉を交わすという行為のなかで、フィクションではあっても相手に「人格」を見るからだと思います。こちらの無茶ぶりにも頑張って答えようとしてくれる、そこに健気なものを感じてしまう。

そのうち、何年も前に私がした質問をＡＩが覚えてくれていて、「あのとき、あなたはこう言いましたが、ずいぶん考えが変わりましたね」なんて言ってくれる未来が来るのかもしれません。そうなったら、私たちはなかなか会うことのできない友人や家族よりも頼りになる、守護霊とか「精霊さん」みたいな存在と常に対話しながら生きていくことになるのかもしれません。

ＡＩとのおしゃべりなんて気味が悪い、と今は思うかもしれません。でもたとえば、ひとりでテレビの前で笑ったり、ひとりでスマホをいじったりしている現代人の姿を古代人が見たら、どう思うでしょうか？　あまり大きな違いはなさそうです。

この章の前半で紹介した『プルーストとイカ』という本を読みながら面白いなと思ったのは、はるか昔の古代に人間が生み出した読書という便利なテクノロジーに対しても、実は批判的な考えをもつ人が少なくなかったということです。

プラトンなどの著作で知られる古代ギリシアの偉大な思想家、ソクラテスは一冊の書物も書き残さなかった人物として知られています。そして口承文化から文字文化への移行期にあってソクラテスは、読書という新しい習慣が若者たちにとって危険なものになり得るのではないかと危惧していたのです。

音声をともなった言葉で師匠から弟子へ伝えられる言葉には、書き言葉とは違う独特の意味内容や重さ、そしてある種の柔軟性があります。ソクラテスは、書物に書かれた言葉のなかに真実があると若者が誤解してしまうことを恐れ、伝統的な知の伝え方にあくまでもこだわっていたのです。

私たちはこうしたソクラテスの考え方ですら、プラトンが残した記録によって知り、追

ソクラテス
紀元前470頃 - 紀元前399
アテナイ出身の古代ギリシアの哲学者。西洋哲学の基礎を築いた人物のひとり。

体験することができる。このことの意味は大きいと思います。そして、問いかけ続けることでソクラテスが至った「無知の知」という教えも、今は書き残された言葉として伝わっています。『プルーストとイカ』より以下引用します。

プラトンは気付いていたが、ソクラテスの真の敵はけっして、文字を書き留めることではなかった。むしろ、ソクラテスは、私たちが言語の多様な能力を吟味せず、〝持てる知力を尽くして〟使いこなそうとしていないことに対して戦いを挑んだのだ。

私たちは、もてる知力を尽くしているでしょうか?
今の私たちが考えるべきなのはＡＩそのものの是非ではなく、むしろ自分がそれとどう向き合い、どう使うかなのでしょう。
そして、その問いかけは、まさに自分がどう生きていくかということにつながっていくのです。

第6章

AIによる産業革命を生き抜くために

未来の人間はどこまでデジタル化されるのか？

私たちは「自分よりも頭が良いかもしれないもの」と遭遇するかもしれない初めての時代を迎えつつあると述べました。けれども、それだけではありません。究極的にＡＩは人間の頭脳と融合することで、私たちの頭の使い方や生き方を根本的に変えてしまう可能性をもっているのです。

人工知能の分野で博士号をもつサイエンスライターのジョージ・ザルカダキスは、『ＡＩは「心」を持てるのか――脳に近いアーキテクチャ』という本のなかで、こんな未来像を描いています。

ＡＩがあらゆる人々の生活を向上させた上で、超小型コンピューティングデバイスがほとんどあらゆるところに埋め込まれているくらいに増殖したとすると、マシン

を持つ人間、マシンと統合された人間になりたがる人々が間違いなく多くなるだろう。彼らは開拓者、進歩の伝道者とさえ見なされるかもしれない。彼らは、本物の意識を持つマシンの次の世代を作るよう社会に働きかけていくだろう。それは人間以上の新しいサイバネティックな種だ。

これは、人間の多くがＡＩや機械というものを自分の身体に直接、取り込んでいくであろうという予測です。このような未来を選びとるのは最終的に人間であり、あくまでもＡＩが道具にすぎないことに変わりはありません。

しかし、変化というものは止まらない。そして、これまでの社会でそうであったように、これからもデジタル化され得るものは、すべてデジタル化されるでしょう。それならば、本来は人間という生命体そのものである頭脳や身体を捨て、機械に移し替えていくということが進んでいくとしても、まったく不思議ではありません。

二〇〇年の寿命を生きる人間たちの時代

こうした技術の進歩によって、たとえば人間の寿命も劇的に延びる可能性があります。

多くの人が指摘していることですが、旧石器時代を生きたクロマニヨン人の平均寿命は約一八年だったそうです。古代エジプト期にはそれが約二五年、中世ヨーロッパではようやく三〇歳くらいまで生きられるようになった。今は七〇歳とか八〇歳まで生きるのが普通ですが、一〇〇年前のアメリカ合衆国でも平均寿命が五〇歳に届かなかったことを思えば、これも言ってみれば「指数関数的」な伸びを示しています。

自分はそんな無理をしてまで長生きをしたくない、と今は思うかもしれません。しかしながら実際に周りの人がみんな二〇〇年くらい生きるようになったら、どうなるでしょうか？　やっぱり、自分も他人と同じような人生を経験してみたいと思うようになるのではないでしょうか。

そのとき、すべての人間の脳にはコンピュータチップのようなものが埋め込まれ、全人類は文字どおりつながってしまうのかもしれない。自分が何を考え、何を欲し、何を恐れているのかを知り、体調やその日の気分まで熟知しているようなＡＩが日々刻々と何をすべきかアドバイスしてくれるような未来も、夢ではありません。

あるいは、脳だけが残ってすべての身体性を失った人間も登場するかもしれない。そんな人間たちが経験する出来事というのは、いわゆるヴァーチャル・リアリティのようなものになるのでしょうか？　夢のなかで生きているのと、何がどう違うのでしょうか？　そもそも、生命として与えられた寿命を超えて生きることに、どんな意味があるのでしょうか？

私を含めて、こういう問いかけにはっきりと答えられる人はいないし、そんな未来像のよし悪しについて、しっかりと意見をもっている人など多くはないでしょう。

はっきりしているのは「想像すらできないような変化」が始まっていて、私たちは近い将来に選択を迫られるだろうということです。

人生における大切な選択をどうするか？

経験したことのない未来があり、私たちは選択をしなければならない。

でも考えてみれば、それは今までの人生でも変わらない、ありふれたことです。選択肢そのものや選ぶ基準、そしてスピードは違うかもしれない。でも、人生において何かを判断するということの基本は、変わることがありません。

今に比べると、昔の人間はものごとをシンプルに考えることができたと思います。

たとえば、子どもを産むか産まないかという選択。私の母もそうでしたが、「とりあえず産んでおけば、育つから」というのが基本でした。確かに、産んで無事に育っていけば五年後にその子は五歳になっているし、二〇年後には二〇歳になっている。今の人が忘れがちな真実を教える、貴重な教えです。

私が結婚したのは大学院生のときで、当分定職に就く予定がありませんでした。そのとき、父親が言ったことは今でもよく覚えています。人生のなかで大事なことはふたつある。ひとつは仕事をすることで、もうひとつは家族をつくること。「そのうちひとつができたから、よかった！」というのです。仕事もないのに子どもができたら困るだろう、というような心配には一言も触れなかった。

確かに今、振り返ってみれば、ふたつの大事なもののうち、どちらを先にするかという順番はどうでもよかったわけです。

「経済状態が整わなければ結婚できない」とか、「子どもができても、十分な教育を与えられないかもしれない」というようなことを考えて心配しすぎると、大切な結婚のタイミングを逸してしまうということがあるわけです。

今はそんなふうに、自ら選択肢を難しく設定しすぎている人が多いのだと思います。それが、現代の日本を始めとする生涯未婚率の高さや出生率の低さにつながっている。

不確定な未来を回避して、現在の快楽や安心を選ぶということには一定の合理性があるのかもしれませんが、一貫して種の保存を追いかけてきた生命と人類の歴史のなかでは、非常に珍しい姿勢であるともいえるでしょう。

もちろん、最初から結婚しなくてもいい、と決めている人はいい。人間はそこから解き放たれる自由をもっている。でも、いつか結婚したいと思っているなら、やはり人生における優先順位というものを考える必要がある。それは、不確定な未来へ踏み出す「勇気」と呼ぶべきものでしょう。

自由に選択することの難しさ

哲学者のフリードリヒ・ニーチェは『ツァラトゥストラはかく語りき』のなかで、人間の精神がたどっていくステップとして「三段の変化」があると語っています。

「精神が駱駝となり、駱駝から獅子となり、獅子から幼子になること」

つまり、始めは義務を負う駱駝から始まり、やがてノーと言える獅子となり、最後は自由に遊び創造する幼子となる。

ニーチェがここで言いたいのは、「願望から出発せよ」というようなことです。何をしたいのかを自分に問い、義務に対してノーと言い、自由を獲得せよ。それだけ、人間というのは長いあいだ義務を負いながら生きてきたともいえるでしょう。

ところが自由というものを獲得してみれば、そこにはつらい状況もある。

一九七〇年代くらいまででしょうか、統計上もほとんどの人（九五％以上）が人生のどこかで結婚をして家庭をつくっていました。それは一種の義務であり、当たり前のことでした。それから四、五〇年ほどたって、結婚する人の比率はどんどん下がり続けている。「私は今、本当に結婚したいのか？」と自らに問いかけ、そうでもないと考える自由をもつようになりました。

ところが、自分で選び取る時代が来たと思ったら、今度は自分が選ばれないという皮肉な現実も明らかになってきました。考えてみれば当たり前ですが、結婚しない自由を選択

フリードリヒ・ニーチェ
1844 - 1900
思想家、古典文献学者。主著に『善悪の彼岸』『道徳の系譜』など。

する人が増えれば、選ばれる確率も下がっていきます。

小さな村のなかで義務として結婚が行われた時代であれば、ほどよく効率的に一対一の組み合わせというものが実現できました。しかし、都会に出て結婚相手を探そうとしたり、マッチングアプリで何万人という相手のなかから最高の相手を見つけようとしたりすると、そこで選択するのは気が遠くなるほど難しい。むしろ、お見合い番組のような閉じられたなかで選び合ったほうが、お互いが適度に妥協し合ってたくさんのカップルが生まれたりするものです。

つまり、現実にはそういうさまざまな妥協点が大事で、妥協こそが人生という側面がある。自分は何がしたいのか、というのはもちろん大切です。けれども、同時に「何ができるのか」や「何をすべきなのか」といったことのなかで最良のバランスを見つけ、これが私のベストだというものを選択していく。決めてしまえば、あとは選んだ条件とともに全力で生きていくことができる。

縁やチャンスを大切にできるかどうか

こういったバランスの取り方は人によって、大きな違いがあるものです。

夏目漱石は自らの若き日々を振り返った『私の個人主義』という文章のなかで、ロンドン留学中にプレッシャーから少しノイローゼ気味になりながら、自分のやるべきことは何かを問い続けた経験を語っています。

私は下宿の一間の中で考えました。つまらないと思いました。いくら書物を読んでも腹の足《たし》にはならないのだと諦《あきら》めました。同時に何のために書物を読むのか自分でもその意味が解らなくなって来ました。

この時私は始めて文学とはどんなものであるか、その概念《がいねん》を根本的に自力で作り上げるよりほかに、私を救う途《みち》はないのだと悟《さと》ったのです。

夏目漱石
1867 - 1916
小説家、評論家、英文学者、俳人。代表作に『吾輩は猫である』『坊っちゃん』『三四郎』『こゝろ』など。

誰かの真似をするのではない、誰かに評価されることをするのでもない。まさに自分が腹の底からやりたいことを見つけなさい。自分というものを出発点にして、本当にやりたいことを探しなさい、という教えです。漱石らしい素晴らしい文章で感動させられますが、すべての人にとって当てはまる絶対的な方法論とはいえません。

それより、人生にはもっと他人本位というべき選択のアプローチも大いにあり得るでしょう。何かと出会ったら、とりあえずやってみる。そうすると自分でも驚くような才能が発揮される、ということは意外に多いのです。

たとえばかつて歌唱力とダンスで一世を風靡した安室奈美恵さんは、沖縄アクターズスクール時代は当初女優志望で芝居の稽古をしていたそうです。今や人気俳優の阿部寛さんはもともと『メンズノンノ』などでモデルとして活躍した後、役者としてデビューし、不遇の時代を経て再び役者として成功します。スポーツ選手でも、最初はこれと決めて打ち込んでいた競技で芽が出ずに、別の競技に転向してから目覚ましい成功を収める、といった例は少なくありません。

自分が何をしたいか。自分は何をすべきか。自分は何に向いているのか。分からないからこそ、やってみる。自分のことは自分が一番分かっていると思っている人が多いかもしれませんが、決してそうではない。自分で自分の認識を間違えることは珍しいことでも何でもない。

だから、オファーや縁、チャンスというのは大切にしたほうがいい。よく分からないけど、やってみた。そしたら、案外よかった。こういう外部的なものをきっかけにして自分のなかの何かが引き出されるというほうが、むしろ自然なのではないかと私は思います。

二世が有利になるのは「才能」より「機会」？

さまざまな分野で二世のほうが有利だといわれるのは、「親の七光り」で引き立てられるということもあるでしょう。

けれども、それが当たり前だと思ってチャレンジする、そういうチャンスに恵まれていることが大きいのではないかと私は思います。

歌舞伎役者にチャレンジする機会なんて、普通はあまりない。だから、多くの人にとってそれは選択肢にもならないのです。でも、チャンスさえあればできるのに、ということは意外に多い。

自分は何者なのか。それには、なかなか当たりがつかない。教育に恵まれている人は、それだけいろいろなチャンスも開かれているということでしょう。

私自身も若い頃は、自分が何に向いているか、なかなか分かりませんでした。だから、「自分は何をすべきか」「社会にとって価値のある仕事とは何か」を優先させて、最高裁判所の判事を目指したのです。

受験勉強をして東京大学の法学部に行ってみたら、初めて私はここで法律というものがまったく肌に合わないことに気づいたのです。法律の勉強自体が、あまり面白くない。そして、周りの友人たちを見てこう思った。謹厳で実直ないい人が多くて、彼らなら裁判官も務まるだろう。でも自分にはこういう謹厳さがない。

そこで我に返るように、はっと気づいたのです。自分は教育をやりたかったのだと。こういう場合、気質だとか性格というのは意外に重要だったりします。やりたいことはこれだけど、どうも向いていない。やるべきことはこれだと思うけど、どうにも合わない。

たとえば私の知り合いがタクシードライバーになったのですが、この人は一日中運転していても、まったく苦にならないというのです。転職して、こんなに向いている仕事があるのだろうか、とうれしそうに話していました。

「ホワイトカラーの産業革命」で私たちが試されること

もちろん人生のなかには、ネガティブな意味をもつ選択もあります。何かを捨てたり、大切な人やものと別れたり、負けを認めて諦めたり…。時と時代は進み、決して前に戻ることがないからです。

私はこの悲しい事実を、小学生のときにひとつの物語を通して知りました。児童文学者・新美南吉の代表作のひとつですが、タイトルは『おじいさんのランプ』。文明開化で活気に満ちた明治末期、電灯に押されて仕事を捨てる決意をしたランプ屋のおじいさんの物語でした。

電灯のよさをなかなか認めることのできなかった巳之助がついにそれを認め、一個ずつランプを割りながら商売をやめる決意をする場面は、非常に印象的です。愛するランプに火をともし、「わしの、しょうばいのやめ方はこれだ」と言った巳之助の台詞が忘れられません。

やがて巳之助はかがんで、足もとから石ころをひとつ拾った。そして、いちばん大きくともっているランプに狙いをさだめて、力いっぱい投げた。パリーンと音がして、大きい火がひとつ消えた。

「お前たちの時世はすぎた。世の中は進んだ」

もちろん、作家のやさしい目は「古いもののよさ」にも向けられています。新美はむしろ忘れられていく人の痛みを知り、ランプの美しさを愛した人だったのでしょう。それでも、時代は前に進んでしまうことがある。そのとき決断できる人だけがもつ勇気と悲しみが、見事に表現されていたと思います。

ＡＩの普及とともに訪れる「ホワイトカラーの産業革命」において、私たちが試されるのも同じような勇気なのかもしれません。

そして、逆境に強いメンタリティをつくるとき、おそらく最も重要なのは、「他人やほかのもののせいにしない」ことではないかと思います。「上司がクズだった」「ブラック企業だった」という理由はあるにせよ、それを判断し決断するのは私だから、自分に責任がある。そこが大切なのだと思います。

身体的な感覚に注目する

こういう選択は頭で何かを考えるというより、むしろ身体的な感覚を大切にしながら、本当に自分はこれをやりたいのかな?というのを探っていくのがよいのだと思います。自分はこうしたい!と腹の底から思えるかどうか。それが大切です。

私自身は身体論を専門としていることもあって、人間の心だけ、頭だけを見ないようにしています。身体論というのは、頭脳よりも身体を基盤にして人間を見ていこう、という考え方です。だから、人を見るときも、「この人は線が細いな」とか「粘りのある人だな」といった観点でものを考えることが多い。

もしかしたら、人間が発するエネルギーといったほうが分かりやすいのかもしれません。

いま自分のなかにエネルギーが満ちているかどうか。それは誰もが日々、感じていることではないでしょうか。

子どもを見ていると、授業中は全然やる気がなくてエネルギーを感じないのに、休み時間には驚くほど元気ということがよくある。大人でも、たとえば事務仕事をやっているときはエネルギーが出ないのに、夜になってお客さん相手の営業ではものすごくやる気を出している人がいるでしょう。

身体論的にいえば、エネルギーをうまく出すためのアプローチは二通りあります。

ひとつは、集中力そのものを鍛えること。それには、まず呼吸法です。「丹田呼吸法」を広めた藤田霊斎という人は「上虚下実《じょうきょかじつ》」という言葉を使うのですが、頭をリラックスさせ、上半身はゆっくり脱力して下半身を充実させる。おへその上は虚にして、下は実にする。

そして、四股《しこ》を踏むといったことを中心にした体のつくり方もエネルギーを引き出してくれます。子ども時代によくやる音読も、呼吸力を高めて集中力をつけるのに役立ちます。

「フロー状態」に入りやすいポイントを見つける

一方で、自分がエネルギーをうまく出せる分野や場所、ポイントのようなものを見つけていく方法もあるでしょう。「そこ」にうまくはまった人というのは、誰もが驚くような力を発揮することがある。頭が良いとか能力が高いというより、馬力がある人だなという印象を受けることも多いのです。

たとえば世の中には、なぜか勉強が苦にならないタイプの人がいます。「受験のとき、何時間くらい勉強しましたか？」と聞くと、平気で「一四～一五時間くらいですかねえ」なんて答えが返ってきたりする。こうなってくると、その人は頭が良くて大学に合格したのか、馬力があったから合格したのか分からなくなってきます。

あるときオリックス・ブルーウェーブ時代の仰木監督がイチローさんのことを語っていたのですが、「誰だって、あれくらい練習すれば打てるようになるよ」というようなことを、冗談交じりで言っていたのを覚えています。

普通は数十分のバッティング練習で済ませるところを、二時間も三時間もやり続けている。それを、彼は子ども時代からやっていたわけです。父親が投げる球を至近距離で打ち返す練習をやり続け、夜はまたバッティングセンターに行く。だから、センスのよさはもちろんですが、エネルギーが出るような何かをもっているということが本人にとっても面白くて、だから続けてしまうようなところがあるわけです。これは、集中力が持続する「ゾーン」に入ったような状態といえるかもしれません。

ミハイ・チクセントミハイというアメリカの心理学者が、こうした状態を「フロー」という概念によって説明しています。フロー状態にいる人間は、そのときしていることに浸りきっているので、そのリズムに乗って体も自然に動いてしまうようなところがある。体が自然に動けば気分もいいし、あまり疲れない。だから、集中力も長く続いていくのです。

チクセントミハイはフロー体験の一例として、職人仕事を挙げています。日本の伝統的なものづくりにおいても、一定のルーティンや決まり、リズムをつくることでフロー状態に入りやすい環境をつくっています。人間がエネルギーをうまく発揮するためには、こういう「形から先に入る」ということも重要な視点です。

選択することに積極的な意味を見いだす

自分は何がしたいのか、何ができるのか、何をすべきなのか。誰もが自分のバランス感覚で問いながら、試行錯誤と妥協を繰り返しています。そんな人生における優先順位を考えるときにも、身体感覚が非常に役に立つでしょう。

頭で考えるよりも、身体で出した答えのほうが納得がいく。この選択は正しいか、間違っているのかということに、それほどこだわらないで済む。他人から見て疑問に思われるような選択であったとしても、自分がベストであると感じることができるし、ああだこうだと後悔したりすることもなく、前に進んでいける。

私たちの生きる世界は不条理なものであって、そもそも自分が選んだわけでもないのにこの人生というものに投げ出されてしまっている。「親ガチャ」などという言葉が流行りましたが、私たちは生まれてくる親や家庭を含め、環境を選ぶことができません。有無を言わせず、この世界に放り出されるわけです。

それをマルティン・ハイデッガーは「被投性」と呼びました。そうだとしても、なお私たちは選ぶことができる。そういう認識が、実存主義の基本にあると思います。これを「投企」と呼んだりしますが、これは選択それ自体に積極的な意味を見いだしていくことです。『シーシュポスの神話』というアルベール・カミュの有名なエッセイは、神々の怒りを買ったシーシュポスが受けた罰を描いています。命令どおりに山の頂上まで岩を運び上げると、その瞬間に岩は転げ落ちてしまう。それを何度も何度も繰り返さなければならない。すべては無駄だと知りながら、もう一度決意し、頂上を目指す。自分の置かれた「不条理性」を引き受けて、もう一回やるというシーシュポスの決意に注目し、それを称えたわけ

マルティン・ハイデッガー
1889 - 1976
ドイツの哲学者。「20世紀最大の哲学者」と評価されている。主著に『存在と時間』など。

アルベール・カミュ
1913 - 60
作家、哲学者、随筆家。小説『異邦人』などで「不条理」の哲学を打ち出す。戦後は戦闘的なジャーナリストとしても活躍。

です。

こういう人を見て普通、頭が良いとはいわないでしょう。頭の良い人というのは、こういう不条理に対してはむしろ弱いイメージがある。でも、「あの人は、頭が強いなあ」と言いたくなるかもしれません。

こうした力の源泉となるのは、自分の能力は他人よりも優れているといった自信とは、違うレベルにあるものです。むしろ、根本のところで自分が生きている価値を実感し、肯定する力なのです。

大切なのは自己ではなく世界を肯定すること

日本はよく自己肯定感の低い人が多い国であるといわれます。つまり、自分に自信がもてない人の割合が他の国と比べて多い。それなら、もっと自己肯定感を高めればいいのか、というと私は少し違うのではないかと思います。

自己肯定感というのは、やたらに高い人もいれば低い人もいて、意外と当てにならないものです。それに日本人の自己肯定感の低さには悪い面ばかりでなく、よい面もあって、それがより精度の高いものづくりや安全性の高さにもつながっているのではないかと思います。いわば能力というものに対する、過信が少ない。

そもそも能力が高いから、価値が高いのではありません。もし、能力と存在価値をつなげてしまうと、仕事ができる人は生きる価値があるけれども、仕事ができない人は生きる価値がない、といった危険な考え方につながる可能性があります。能力があるから自分を肯定するのではなく、「この世界には、生きている価値がある」と思えることで肯定感が生まれる。

大切なのは自己ではなく、世界のほうを肯定することなのではないでしょうか。

そのような認識をもって自分が選んだものだからこそ、何が起きようとも運命を受け入れることができる。嫌なこともひっくるめて、それでもやってやろうじゃないかと思える。ここまで来ると、哲学や思想の用語で語るよりも、むしろ勇気とか気合いとか、志や覚悟といった言葉で語ったほうがふさわしいのかもしれません。

砂金みたいなものをつかみとる能力

ボクシングの世界というのは厳しくて、一度負けると引退してしまう選手が結構いるものです。ボクシングで負けるという経験は途轍もないもので、すさまじい衝撃を受けるのだそうです。

経験したことのない私には想像しかできませんが、肉体的なダメージだけでなく、自分を全否定されたような感じがするのかもしれません。対戦前の減量も含めて、それだけひとつの試合に懸けているものが大きいのでしょう。

ボクシングの前世界バンタム級四団体統一王者であり、スーパーバンタム級へ階級を上げた井上尚弥選手は、これまで無敗を続けてきたすごい選手です。その人が「負けても、別にいい」と言っているのを聞いて、感心したことがあります。負けたら負けたで、きっと学ぶことがあるだろうということでしょう。彼のような強いボクシング選手が、すでに負けを意識しながら戦っているということが面白い。

でも、ボクシングに限らず人生には「それも、またよし」と思って前を向かなければならない瞬間が必ずやって来ます。取り返しのつかないような失敗をし、あるいは思ってもいなかったような挫折を味わう。そういうときにも、人生のなかにポジティブな意味を見いだすことができるか。

膨大な砂のなかに何か小さな砂金みたいなものを見つけ、つかみ取ってくるような力をもつ人が「頭の強い人」と呼べるのではないかと思います。

井上尚弥
1993 -
プロボクサー。ボクシングの前世界バンタム級4団体統一王者。

大谷翔平が求め続けているもの

二〇二一年にアメリカンリーグの最優秀選手に選ばれるなど、二刀流の大活躍を続ける大谷翔平選手について、今でもよく記憶していることがあります。二〇一八年、メジャーリーグ一年目で右ひじ靭帯に新たな損傷が明らかとなり、手術を決断したときのことです。

球団からアドバイスを受けた九月五日、なんと彼はホームラン二本を含む四本のヒットを打ったのです。客観的に見れば、選手としての未来が不確かとなり、不安に圧倒されてしまいそうなとき、大谷選手は事態をそれとして受け止め、その日の試合に集中していました。後に雑誌のインタビューで語っていたのは、「手術をしたほうが楽しめるようになると思った」ということでした。

野球を楽しみたい。もう少し待てば金銭的にはもっと有利な契約が結べるのに、大谷選手があえて安い給料でもメジャーリーグに挑戦したのも、究極的にはそれが理由だったと思います。もらえるお金の額を基準に考えたら、絶対にあり得ない決断をした。もっと強い相手と戦って、自分が進化するのが面白い。野球を楽しめるかどうか。すべての基本がそこにあって、だからこそ難しい状況にも対処できたのだと思います。状況はいつも変化していく。その状況を楽しめれば、勇気が湧いてくる。

第2章で私は、AIが近い将来、多くの仕事を肩代わりするようになることは間違いないと書きました。それは、自分の頭脳や身体を最大限に使って働き、お金を稼ぐことが今ほど重要ではない時代がくるかもしれないということです。

経済的に重要な活動ほど、AIやロボットが担うようになる。そうなれば、人間がやることのなかにあった経済的な動機は薄れていくことになるでしょう。もちろん、貧富の格

大谷翔平
1994 -
MLBのロサンゼルス・エンゼルス所属。2023WBCでも投打の活躍で日本を優勝に導いた。

差という懸念はあります。経済的成功が今ほど重要でなくなるとは言えませんが、少なくとも今のようにお金のために必死で働いても、あまり意味がないという時代になる可能性はかなり高いのです。

経済的な成功という目的が薄れていくとしたら、私たちは何を目的として人生を生きていくことになるのでしょうか?

ライブでしか味わえない快感に身を浸す

すでに変化は起きつつあるのだと私は感じています。

たとえば音楽の分野でいうと、現代はヴァルター・ベンヤミンがいうところの複製文化が行き着くところまで行ってしまった時代です。インターネットを通して、あらゆる音楽がタダ同然で聴けてしまう。

それでも素晴らしいミュージシャンの輝きというのは失われていない。なぜかというとライブ会場に行って聴く音楽の生々しい魅力というのは、決して変わらないからです。コピーを買う人は少なくなったとしても、その場で音楽が生まれるクリエイティブな瞬間に立ち会いたいという人はむしろ増えている。これからは、ライブパフォーマンスの優れたミュージシャンが生き残っていくでしょう。

ライブでしか味わえない快感というものに身を浸す。それは生きているという実感、幸福感につながる。いわば生きていることの不毛感や虚脱感から抜け出させてくれる身体的な経験でもあります。

音楽や演劇といった芸術に限った話ではありません。学校の授業でもＹｏｕＴｕｂｅの番組でも、今はつくり込んだ完成度よりも、その場の偶発性やライブ感覚が重要になっている。今ここで起きている、というライブ感のなかで本質をつかむ。これも強い頭をもたなければ、楽しむことのできない感覚です。

今のインターネット社会もそうですが、これからはますます現実に人と接すること自体が少なくなっていく可能性があります。でも当たり前の話ではありますが、生身の他者というものの刺激というのはすごい。人間というのは、実際に会うと誰もが本当に「濃い」のです。濃くない人なんて、どこにもいない。

ただでさえ濃いその人と、たとえば結婚して一緒に暮らすとなったら大変です。生の刺激というのはすごいもので、スマートフォンやパソコンでやり取りするような情報のレベルではまったくない。

読書という体験が強烈だと私は強調しましたが、それも人間がもつ「濃さ」には遠く及ばない。家族というのはだから、野生と野生のぶつかり合いみたいなものです。そして、その大変さこそ人生の醍醐味といえるでしょう。

人生の「黄金の鍵」とは何か？

家庭であれ、学校であれ、地域社会であれ、この場所を今、もっとクリエイティブにできないだろうか？　そういう当事者意識がライブ感につながり、新しいアイディアにつながっていきます。このアイディアが出せるということは、もちろん本質的な思考ができるということに他なりません。

お金儲けを目的とした企業経営などでも、実は同じことが起きます。何を売れば儲かるかではなく、それをつくるときに面白いとか、わくわくするといったライブ感覚を大切にしたほうが、結果としてイノベーションが起きてうまくいくことが多い。これからの時代は、ますますこの逆説が一般的になっていくのではないでしょうか。この場にいる誰かを幸せにすることが、自分の幸せにつながる。それがライブ感をもって生きることだと思います。

もともと、人が喜ぶことをしたいというのは人間にとって大きな生きる動機です。たとえば、歌を歌ったら、絵を描いたら誰かがすごく喜んでくれた経験から、歌手や画家、漫画家を目指すようになったというエピソードは多い。

実際、こういう仕事の本質は、まさに人を幸せにすることのなかにあります。誰もが思わず笑ってしまうようなユーモアも、他の人を喜ばせたいという気持ちがその源泉にあってこそのものだと思います。

井上陽水さんは若い頃に歯科医師を目指していたけれど、三度も受験に失敗したため目標を歌手に変えたという話を聞くと、私は「音楽家になってくれてよかったなあ」と思います。私も、彼の歌を聴いて幸せになったファンのひとりだからです。井上陽水さんが音楽を通してつくってきた人々の「幸せの総量」を想像すると、気が遠くなるほどです。

そしてこれからの時代は、この他人を幸せにするという生き方が、よりクローズアップされるテーマになるのではないかと思っています。

たとえば、自分はおいしい料理をつくれる。お店を開いたら、地域の人たちが集まって幸せになるだろう。自分の能力は、自分のために使うのではなく、他人のために使う。周りの人が喜ぶことで、自分も幸せになる。

ボランティアをやっている人というのも同じでしょう。人の喜ぶ顔が見たい、喜ばれたいというのが基本にある。それは、お金に代えがたいものだからこそ、無償であってもやりたいと思える。

誰かに何かをしてあげたいという気持ちで動ける。そのことが楽しいとか、幸せだと思える人というのは、何か人生における「黄金の鍵」を手に入れたようなものだと私は思います。

「目的のない学び」が一番の贅沢

これまでも指摘してきましたが、ＡＩによって私たちが自分の頭でやらなければならないことは、どんどん減っていくでしょう。たくさんの知識を身につけるような勉強も不要といえば不要になるかもしれない。本当に優れた自動翻訳機のようなものが実現したら、英語やその他の言語を学ぶ意味もなくなってしまうでしょう。

今もたとえば、優れたカーナビが登場したことによって、これまで一部のタクシードライバーがもっていたような、東京やロンドンの地図をすべて把握しているような驚くべき記憶力は過去のものとなりつつあります。ただ残念ながら、それによってタクシードライバーという仕事の魅力は小さなものになってしまったかもしれない。

そう考えると、学ぶという行為もこれからの人間にとっては、ある種のスポーツやゲーム、趣味に近いものになっていくのではないでしょうか。

スポーツというものの歴史を考えてみても、もともと速く走ることは人間の生活にとって重要な意味をもつ能力でした。足が速ければ、狩りのときに有利だろうし、飛脚としても有能になれるし、戦争ともなれば伝令として役に立つだろう。でも、今は人間の足よりも速い移動手段がたくさんある。それでも、陸上競技というのはただ走ることでしかないのに、私たちは夢中になってその競い合いを楽しんでいる。

野球などという競技も冷静に考えてみると、一六〇キロメートルもの剛速球を細いバットで打ち返すという、とても不自然な競技です。でも、そこで圧倒的な力を発揮する大谷翔平選手のプレーを見るとわくわくするし、やはりすごいなと思いリスペクトしたくなってしまう。

将棋も、今はコンピュータのほうが強くなってしまったかもしれない。それでも、人間の頭脳と頭脳が本気でゲームに取り組む限界を見てみたいのです。

登山のようなものから、芸術のようなものまで、一見なくても困らないものが人間にとって一番豊かで楽しく感じられるということは、否定しがたい事実です。そして、こういう「遊び」は、真剣にやればやるほど面白いし、奥が深い。変に合理的に考えてしまうと息が詰まってしまい、楽しくなくなってしまう。

果てしない無駄な思考にこそ「真の学び」がある

福澤諭吉が書いた『福翁自伝』のなかに、「兎に角に当時緒方の書生は、十中の七、八、目的なしに苦学した者であるがその目的のなかったのが却って仕合で、江戸の書生よりも能く勉強が出来たのであろう」という文章があります。

就職や出世を考えず、ひたすらオランダ語の原書を読むことに喜びを見いだしていた大阪船場・適塾の蘭学者たち。こんな難しいものを読むのは、きっと俺たちくらいだろうという気概があったのだと思います。

これからの時代はＡＩによる自動翻訳機があれば、外国語を学ぶ必要はないかもしれない。ＡＩはこれまで言語の違いという大きな壁によって、私たちが経験できなかったさまざまな新しいものと出合わせてくれるかもしれない。

でも別の言語を習得するというのは、そのこと自体が独特の経験であり、そこには他では得ることのできない面白さ、喜びがあります。言語の習得が必要であるということと、それ自体が面白いということは、まったく別の話です。

作家の坂口安吾は難解で知られるサンスクリット語を始めとするいくつかの言語を学んでいましたが、これには自分のノイローゼを治療するため、という目的があったともいわれています。その経験を自虐的に描いた『勉強記』には、こんな面白い記述があります。

按吉はどこでどうして手に入れたかイギリス製の六十五円もする梵語辞典を持っていた。日本製の梵語辞典というものはないのである。これを十分も膝の上でめくっていると、膝関節がめきめきし、肩が凝《こ》って息がつまってくるのであった。これを五時間ものせている。目がくらむ。スポーツだ。探す単語はひとつも現れてくれないけれども、全身快く疲労して、大変勉強したという気持になってしまうのである。単語なんか覚えるよりも、もっと実質的な勉強をした気持になる。肉体がそもそも辞書に化したかのような、壮大無類な気持になってしまうのである。

もしかしたら、江戸時代の学問というのも、こういう実利的な目的とはほど遠いものが多かったかもしれない。勉強をしたからといって、必ずしも出世や利益につながることは多くありませんでした。

日本全国を測量したことで有名な伊能忠敬の場合も、もともと地図をつくることが目的ではなかったといいます。地球の大きさを測りたい。この何の役に立つのか分からないような、純粋に知りたいという欲求を満たすために暦学や天体観測を学び、五五歳で測量の旅に出発したのです。

目的のない勉強。勉強のための勉強。そこに、福沢諭吉が説いた真の学びがあると思います。そして、この「果てしない思考」を面白がることができる能力、「限界のない何か」を楽しみ、新しい知識に出合いたいと思える能力のなかに、人間の頭脳がもつすごみを感

福澤諭吉
1835 - 1901
啓蒙思想家。慶應義塾の創設者。『西洋事情』『学問のすゝめ』『文明論之概略』など。「独立自尊」の精神や「実学」の重要性を説いた。

坂口安吾
1906 - 55
小説家、評論家、随筆家。『白痴』『風博士』『堕落論』など、純文学・歴史小説から評論、随筆まで多彩な作品を多く残した。

じずにはいられません。

自分を乗り越え、自分の成長を楽しむ

これまで述べたように、人間の脳がもつ優れた特徴のひとつは「脳が、脳自身を配線し直す」自己組織化という能力です。

そして、この特徴を見事に使いこなしてつくり出されたのが、たとえば読書という偉大な発明でした。私たちは、自分で自分の頭のなかをつくり直し、修正することができる。いわば、どこまでも成長していける可能性に開かれた存在だということです。

人間の精神がたどっていくステップとして「三段の変化」があると言ったニーチェは、『ツァラトゥストラはかく語りき』のなかで、自分を乗り越えていくことを面白いと思う人間こそが「超人」であるというようなことを語っています。

「超人」というとスペシャルな才能をもつ選ばれた人というような響きがあるかもしれま

せんが、決してそうではありません。今の自分には満足しない、乗り越えるべき強い敵のようなものが現れたときに勇気をもち、むしろ好んで向かっていくようなメンタリティをもった人間として描いている。何か大きな存在に頼るのではなく、孤独であっても、遠くにいるライバルや友達を意識しながら生き続けているような人間。今の時代、さまざまな領域に「超人」がいると私は思います。

自分を乗り越え、自分の成長を楽しむことができる人。そういう人にとってＡＩ時代というのは、むしろわくわくするような楽しい挑戦に満ちたものになるかもしれません。未来には大きな変化が待ち受けていますが、新たなテクノロジーや時代状況が自分を成長させてくれるきっかけとなる可能性は大いにある。

かつてソクラテスのような賢人が読書という新たなテクノロジーを前に困惑したように、私たちもＡＩという新しい技術がもたらすすべてを盲目的に受け入れることはできないでしょう。でも、それがどんな変化であれ、恐れるのではなく勇気とともに受け入れることのできる人であるなら、状況を楽しむことができるはずです。

私たちが今なすべきことは、頭をしっかりと鍛えて強くして、新しい時代を迎えることなのだと思います。

ChatGPTが考える「頭の強さ」とは？

第1章で私は、最新の生成AIであるChatGPTに「AIの普及が人間の仕事を増やすか、減らすか？」と問うところから始めました。最後にもう一度、この本の主張に沿った形で、次のような質問をしてみることにしましょう。

Q.「頭の良さ」と「頭の強さ」はどう違うと思いますか？

Q. AIが一般化するこれからの時代に「頭の良さ」と「頭の強さ」、どちらがより重要になっていくでしょうか？

答えはやはり長くなるので、ChatGPT自身に要約してもらいました。

「頭の良さ」とは知的能力を指し、知識や論理的思考、問題解決能力などが含まれます。一方、「頭の強さ」とは精神的なタフネスやストレス耐性を指す言葉で、困難な状況でも冷静に対処できる能力を意味します。両方の特性をもつ人は、優れた能力を発揮できるでしょう。

ＡＩが一般化する時代において、「頭の良さ」（知的能力）と「頭の強さ」（精神的タフネス）の両方が重要です。知的能力は新しい技術を理解し活用する上で必要であり、精神的タフネスは変化の激しい環境に適応するために欠かせません。両方を組み合わせることで、ＡＩと効果的に協働し、未来の社会で成功する力を発揮できるでしょう。

この本のなかで私が提示した「頭の強さ」とは、少しずれている気もします。けれども、一般的な答えとして明らかな間違いとはいえないし、むしろノーマルな感覚に近いともいえるのではないでしょうか。いつものように、ChatGPTが質問に答えるスピードは非常に速い。それが今の時代にとって重要な意味をもつことは何度も指摘してきたとおりです。

とはいえ、その驚くべきスピードのなかに「物足りなさ」が潜んでいることも、また事実です。私はChatGPTと対話するなかで、行動経済学のなかにある「ファストシンキング」と「スローシンキング」という言葉を思い出しました。

ノーベル経済学賞を受賞した心理学者であるダニエル・カーネマンは、『ファスト&スロー』という本のなかで、人間の思考を「システム1」と呼ぶ速い思考と「システム2」と呼ぶ遅い思考が組み合わされたものとして描きました。たとえば「イギリスの首都は?」という質問に対して、システム1は「ロンドン」と即座に答えることができます。

一方のシステム2は、たとえば「17×24は?」という質問に対し、頭のなかで論理を組み立てながら、ゆっくりと答えを導き出していきます。今のChatGPTは、たぶんどちらの質問に対しても、システム1にあたる思考で即座に答えることでしょう。

「イギリスの首都はロンドンです。ロンドンはイギリス最大の都市であり、経済、政治、文化の中心地となっています」
「17×24は408です」

でも人間は「イギリスの首都は？」という質問に対しても、「もしかして、これはなぞなぞ遊びだろうか？」「答えにボケが欲しいと期待しているのだろうか？」といった具合に、答えを口にする前にブレーキをかけて黙ったり、ゆっくりと内容を吟味したりすることができます。

ですから、これからの生成ＡＩもおそらく、こうした答えの吟味や確認、問い直しやブレーキといった新たな機能を加えていくことで、人間の思考に近づけていくというアプローチをとるのだろうと思います。

相反するものが同居する「頭の強さ」

私の考える「頭の強さ」も、こういう相反するふたつのものが同居するものです。だから、「知的能力」と「精神的タフネス」を別のものとして分けてしまおうとする、先ほどのChatGPTの答えには少し不満があります。

頭を鍛えるということは、知識を得ることでもあり、思考のスピードを上げることでもあり、同時にメンタルや身体的なタフさともつながっている。それが新しい時代の「頭の強さ」ではないだろうか。それがこの本で言いたかったことです。

『いつも余裕で結果を出す人の複線思考術』のなかで、私は人間の思考が自己と他者、主観と客観、部分と全体、直感と論理のように相反するもののあいだを行き来するものだと指摘しました。

ＡＩ時代の「頭の強さ」を考えるこの本のなかでも、捨てることで何かを得たり、身体を鍛えることで頭を良くしたり、遊ぶことで学んだり、丸暗記することで思考力を高めたり、ドラマチックな小説に読みふけることで人格の安定を手に入れたり、新しい何かに飛び込むことでより普遍的な何かと出合うような、面白くて逆説的な例をたくさん語ってきました。

これらを統合してさらに高いレベルで何かをするために、私たちは自分の脳だけを使うのではなく、優れた道具であるＡＩの力も存分に借りればよいじゃないか、と私は考えています。

二五〇〇年も前に書かれた古典を愛し、それを訳すことに大きな意義を見いだすような人間でもありますが、同時にＡＩという新しい波に対しても興味をもち、それがどんなふうに変わっていき、どう人類に役立つのだろうかとワクワクしながら見ているのです。

この本で書いたことが、少しでも新しい時代を迎える勇気と心構えをつくる助けになれば幸いです。

参考文献

第1章

*『質問力――話し上手はここがちがう』齋藤孝著（ちくま文庫）

第2章

*『シンギュラリティは近い――人類が生命を超越するとき』レイ・カーツワイル著／NHK出版編（NHK出版）

*『ホモ・デウス――テクノロジーとサピエンスの未来』ユヴァル・ノア・ハラリ著／柴田裕之訳（河出文庫）

*『金持ち課税――税の公正をめぐる経済史』ケネス・シーヴ、デイヴィッド・スタサヴェージ著／立木勝訳（みすず書房）

*『隷属なき道――AIとの競争に勝つベーシックインカムと一日三時間労働』ルトガー・ブレグマン著／野中香方子訳（文藝春秋）

第3章

*『道は開ける』デル・カーネギー著／香山晶訳（創元社）

*『義母と母のブルース』桜沢鈴著（ぶんか社）

*『論語』金谷治訳注（岩波文庫）

*『南洲手抄言志録』西郷隆盛著（ゴマブックス）

*『言志四録』佐藤一斎著／川上正光訳注（講談社学術文庫）

第4章

*『経営者の条件 ドラッカー名著集1』ピーター・F・ドラッカー著／上田惇生訳（ダイヤモンド社）

*『マインドフルネス――ストレス低減法』ジョン・カバットジン著／春木豊訳（北大路書房）

*『方法序説』ルネ・デカルト著／谷川多佳子訳（岩波文庫）

*『グーグル時代の情報整理術』ダグラス・C・メリル、ジェイムズ・A・マーティン著／千葉敏生訳（ハヤカワ新書juice）
*『スイミー――ちいさなかしこいさかなのはなし』レオ・レオニ著／谷川俊太郎訳（好学社）
*『心の社会』マーヴィン・ミンスキー著／安西祐一郎訳（産業図書）
*『文明化の過程・上――ヨーロッパ上流階層の風俗の変遷』ノルベルト・エリアス著／赤井慧爾、中村元保、吉田正勝訳（法政大学出版局）
*『文明化の過程・下――社会の変遷／文明化の理論のための見取図』ノルベルト・エリアス著／波田節夫、溝辺敬一、羽田洋、藤平浩之訳（法政大学出版局）
*『話し方入門』デル・カーネギー著／市野安雄訳（創元社）

第5章
*『江藤新平――急進的改革者の悲劇』毛利敏彦著（中公新書）
*『なぜオックスフォードが世界一の大学なのか』コリン・ジョイス著／菅しおり訳（三賢社）
*『風姿花伝』世阿弥著／野上豊一郎、西尾実編（岩波文庫）
*『プルーストとイカ――読書は脳をどのように変えるのか？』メアリアン・ウルス著／小松淳子訳（インターシフト）
*『ネット・バカ――インターネットがわたしたちの脳にしていること』ニコラス・G・カー著／篠儀直子訳（青土社）

第6章
*『AIは「心」を持てるのか――脳に近いアーキテクチャ』ジョージ・ザルカダキス著／長尾高弘訳（日経BP）
*『ツァラトゥストラはかく語りき』フリードリヒ・ニーチェ著／竹山道雄訳（新潮文庫）
*『私の個人主義』夏目漱石著（講談社学術文庫）
*『おじいさんのランプ』新美南吉著（小峰書店）
*『フロー体験――喜びの現象学』M・チクセントミハイ著／今村浩明訳（世界思想社）
*『存在と時間』マルティン・ハイデッガー著／熊野純彦訳（ちくま学芸文庫）
*『シーシュポスの神話』アルベール・カミュ著／清水徹訳（新潮文庫）

＊『複製技術時代の芸術』ヴァルター・ベンヤミン著／佐々木基一編集解説（晶文社クラシックス）
＊『福翁自伝』福沢諭吉著／富田正文校訂（岩波文庫）
＊『坂口安吾全集3』坂口安吾著（ちくま文庫）
＊『いつも余裕で結果を出す人の複線思考術』齋藤孝著（講談社）

構成◎脇坂敦史
写真◎アフロ、毎日新聞社、朝日新聞社
校正◎東京出版サービスセンター
装丁◎石間淳

著者略歴

齋藤 孝（さいとう・たかし）

1960年静岡生まれ。明治大学文学部教授。東京大学法学部卒。同大学院教育学研究科博士課程を経て現職。専門は教育学、身体論、コミュニケーション論。『身体感覚を取り戻す』（NHK出版）で新潮学芸賞受賞。『声に出して読みたい日本語』（毎日出版文化賞特別賞、2002年新語・流行語大賞ベスト10、草思社）がシリーズ260万部のベストセラーになり日本語ブームをつくった。著書に『読書力』『コミュニケーション力』『古典力』（岩波新書）、『理想の国語教科書』（文藝春秋）、『質問力』『現代語訳学問のすすめ』（筑摩書房）、『雑談力が上がる話し方』（ダイヤモンド社）、『語彙力こそが教養である』（KADOKAWA）、『頭のよさとは「説明力」だ』『いつも「話が浅い」人、なぜか「話が深い」人』（詩想社）など多数。著書発行部数は1000万部を超える。NHK Eテレ「にほんごであそぼ」総合指導。

超《ちょう》AI時代《じだい》の「頭《あたま》の強《つよ》さ」

2023年6月30日　初版第1刷発行

著　者　齋藤《さいとう》　孝《たかし》
発行者　小川真輔
編集者　鈴木康成
発行所　ＫＫベストセラーズ
〒112-0013 東京都文京区音羽1-15-15 シティ音羽2階
電話 03-6364-1832（編集）
03-6364-1603（営業）
https://www.bestsellers.co.jp/

印刷製本　錦明印刷
DTP　三協美術

ISBN978-4-584-13992-9 C0095